世界经典家教系列丛书

扮演好你在孩子眼中的角色
——罗斯福教子书

田学超　鹿理梅　编

中国社会出版社

国家一级出版社·全国百佳图书出版单位

图书在版编目（CIP）数据

扮演好你在孩子眼中的角色：罗斯福教子书／田学超，
鹿理梅编 . —北京：中国社会出版社，2016. 12
（世界经典家教系列丛书）

ISBN 978 - 7 - 5087 - 5524 - 3

Ⅰ . ①扮…　Ⅱ . ①田…　②鹿…　Ⅲ . ①家庭教育　Ⅳ . ①G78

中国版本图书馆 CIP 数据核字（2017）第 003056 号

书　　名：	扮演好你在孩子眼中的角色——罗斯福教子书
编　　者：	田学超　鹿理梅

出 版 人：	浦善新
终 审 人：	胡晓明
责任编辑：	牟　洁　　　　　　　　　责任校对：邢英杰

出版发行：中国社会出版社　　邮政编码：100032
通联方法：北京市西城区二龙路甲 33 号
电　　话：编辑室：（010）58124861
　　　　　销售部：（010）58124841
　　　　　　　　　（010）58124842
网　　址：www. shcbs. com. cn
　　　　　shcbs. mca. gov. cn

中国社会出版社天猫旗舰店

经　　销：各地新华书店

印刷装订：中国电影出版社印刷厂
开　　本：170mm×240mm　1/16
印　　张：14.5
字　　数：190 千字
版　　次：2017 年 3 月第 1 版
印　　次：2017 年 3 月第 1 次印刷
定　　价：45.00 元

中国社会出版社微信公众号

前　言

　　家庭教育、学校教育、社会教育是一个人成长和成才所需经历的三大教育。在这三大教育中，家庭教育尤为重要。如果，把一个人的成长和成才比作一棵树，那么，家庭教育就是树根，学校教育就是树干，社会教育就是树冠。家庭教育不光是学校教育和社会教育的根基，也是它们的支撑和保障。

　　家庭是孩子的第一所学校，也是他的终身学校；父母是孩子的第一任教师，也是他的终身教师。

　　如何教育好自己的孩子？这是当今父母所遇到的第一个难题。

　　今天，不管是 70 后、80 后还是 90 后，作为父母，我们遇上了历史上从来没有过的一段特殊的时期：科学技术的迅猛发展、传统观念的断层裂变、贫富差异的日益分化、互联网的深入影响、快节奏的生活方式、多元化的社交网络、信息爆炸的碎片化、人口迁移的多样性、教育资源的差异化……从计划经济时代到市场经济时代，从独生子女一代到放开二胎……无不深深影响着我们每一个家长对孩子的教育，关系孩子未来一生的成长。

　　今天，家庭教育已面临着前所未有的挑战，比历史的任何时期，都更受家长的关注和重视。

　　没有教育不好的孩子，只有不懂教育孩子的父母。不同的父母，不同的家庭教育环境，不同的教育方法和理念，教育出来的孩子截然不同。

懂教育的父母，可以成就孩子的一生；而不懂教育的父母，则可能毁了孩子的一生。

家庭教育成败的关键不是孩子而是父母，所以教育孩子应从父母抓起。

基于此，为了让新生代父母能真正成为孩子的第一位老师，完全掌握好的教育方法和理念，我们特从浩如烟海的世界家庭教育经典名著中精心编著了这套"世界经典家教系列丛书"。这套书精心遴选了经过岁月的洗礼和时间的考验，结合前人的经验和后人的印证，已被后世所公认的家教经典：《学会与孩子对话——查斯特菲尔德给儿子的忠告》《培养天才的传世秘籍——卡尔·威特的教育》《打开孩子的财富之门——洛克菲勒教子书》《和孩子一起找到学习的乐趣——斯宾塞的快乐教育》《孩子也是父母最好的老师——斯托夫人自然教子书》《扮演好你在孩子眼中的角色——罗斯福教子书》《家庭是孩子最好的学校——约翰·洛克的家庭教育》《发掘孩子身上的巨大潜能——哈佛名人教子书》《走进孩子心灵的捷径——蒙台梭利育儿全书》《富过三代的秘密——摩根家族教子书》。

这套家教经典读物，揭开了孩子成长发展的奥秘，堪称改变和影响了全世界孩子成长的教育圣经。

这是一套值得每位父母收藏的家教经典，涵盖了孩子在成长和成才过程中的各个方面：健康的体魄、健全的人格、高尚的品性、良好的学习方法、完美的人际交往、个性的独立、能力的提升、财富的获取、情感的经营，以及日后婚姻、家庭、生活、事业等方方面面。

一套十本，每本书分别着重从不同的角度和方面来阐述对孩子的教育。这里的每本书可以分别独立，十本书又互成一体，全方面、全方位来帮助家长更好地教育孩子。

这套经典家教读物，影响深远，涵盖古今，气势恢宏，弥补了当前国内全面系统、深入细致、权威有力介绍世界家庭教育名著的空白，且有着其独有的魅力与特色：其一，这是一套推动西方教育革新，影响全世界几代人成长，历经数百年而不衰的教育精华，所选的每一本都是经典中的经典，权威中的权威；其二，每一部作品，结合当前的教育，使影响世界教育进程的大家作品与时下父母的教子需求完美结合；其三，深入浅出，通俗易懂，让高高在上的教育论著走下神坛，成为最接地气的家教读物；其四，没有干瘪的说教，不是枯燥的论述，而是案例丰富、故事生动、可读性强、借鉴性大，实用性强、启发性大……

这是一个教育最好的时代，这也是一个教育最坏的时代。谁能抓住孩子教育的黄金时代，谁就能给孩子创造一个美好的未来。

希望每一个孩子都能健康成长、快乐成才；希望每一位父母都能教子有方、助子成才。

希望把这套家教读物送给每一位已为人父母和即将为人父母的人，还有每一位教育工作者和每一所图书馆。

给孩子最好的礼物，莫过于给孩子最好的教育。

给孩子最好的教育，从此书开始吧……

谨以为记。

田学超
2016 年 5 月 20 日于武汉

目录

7

【第一部分】

西班牙战争时期
写给孩子们的信

　　这四封短信是罗斯福在参加西班牙战争期间，给他的孩子们写的。1898 年的春天，西班牙爆发了战争，罗斯福奉命担任海军助理次长，并且组建了"莽骑兵团"，部队的兵营驻扎在佛罗里达州坦帕市。从 1898 年的 5 月到 7 月，在这两个月的时间里，罗斯福经历了恶劣的生存环境和残酷的战争，但是，他从没有表现出痛苦和恐惧的不良情绪，在他写给孩子们的信中，都表达出了身处逆境之中的积极乐观的人生态度，即使是一场可怕的暴风雨把他的帐篷和吊床冲跑了，雨水把他的全身都淋湿了，他都不会失去对生活的信心和勇气。罗斯福写给孩子们的每一封信，字里行间都洋溢着一位父亲对儿女们的牵挂，那是一种割不断的亲情，读来令人感动。

1. 军营的快乐时光

坦帕兵营，1898.5.6

快乐的小兔子们：

　　这是我在军营里写给你们的信。我的职务是海军助理次长，组建了莽骑兵团，部队的兵营驻扎在佛罗里达州坦帕市。我是一个充满勇气，喜欢战斗的人。我要向你们介绍一下我的莽骑兵团，团里的成员是由强悍的西部牛仔和健壮的东部马球运动员组成，这些人骁勇善战，我在这样的军队里，感到无比的骄傲和自豪。我会成为出色的骑兵，并且立下战功。

　　在这样艰苦的战争环境里生活，确实不容易，但是，有你们亲爱的妈妈在我身边，那真是一个快乐的假期。昨天我带着她去兵营参观，她看到了士兵在操练，商业长街上有很多的帐篷，我的那匹名叫"德克萨斯"的小马被带去洗澡，最有趣的是，美洲狮和小狗"古巴"打了起来，这两个小家伙竟然打架了。美洲狮长得不大，它看起来更像一只小猫，可是性格暴躁，还有点阴险。

　　今天看了克米特和埃塞尔的来信，我非常高兴。

　　从圣安东尼奥来到这里，我们在车上颠簸了四天四夜，等我们到达这里的时候，已经又累又脏。每个夜晚，我都要起床，把马匹带到外面去喂食和洗澡。

　　你们的妈妈住在一家大医院里，那是她暂时住的地方，离我驻扎的兵营大约有一英里。那里有三万大军，不包括从战舰里下来的士兵，那艘战舰停靠在岸边。每到夜晚，陆军和海军的军官们挤满了走廊和阳台；有年龄大的老兵，他们曾参加过30多年前的南北战争，现在，他们又要骑上战马去古巴与西班牙人战斗。他们身穿蓝军服，我们这些"莽骑兵"身穿棕色的军服。

我们把兵营建在平地上，那块地方非常大，是砂质土壤，周围都种植着松树和矮棕榈。这里的天气非常炎热，没有蚊子。马歇尔很棒，他的任务是照料我和两匹马。今天，我们正在操练，来了一位将军，他是来视察军营的。

2. 可爱的小狗"古巴"

远离圣地亚哥，1898

亲爱的埃塞尔：

我们已经离开圣地亚哥了。现在，我们的驻地离海岸很近了，我每天都很忙碌，每件事情都要去处理，因为我们不得不在今夜上岸，我不清楚会不会还有时间给我的孩子们写信了，每次看到你们写给我的短信，我的心里都非常快乐，虽然你不在我的身边，可每次看到你的信，我也会非常开心。我只有一句话想告诉你们：我爱你们。

你还记得可爱的小狗"古巴"吗？这个小家伙有了自己的画像，你想知道是谁给它画的像吗？我现在就告诉你，是波尼族的印第安人给它画了画像，等我把画像邮寄给你看看。这个可爱的小家伙，无论来到什么地方，都要围着船跑，看上去是那么开心，可是，每次当它听到乐队演奏的时候，它偶尔也会叫几声。

"古巴"的举动，把我们都逗乐了，如果你看见它那副样子，你也会开心的。

这就是可爱的小狗"古巴"，我们的心情和它一样都是快乐的，虽然战争让我们很不开心，但是，我们毕竟要乐观地面对生活。亲爱的孩子，当你不开心的时候，就拿出小狗"古巴"的画像看一看，它会带给你很多意想不到的欢乐。

3. 和小动物在一起

离圣地亚哥不远，1898.5.20

亲爱的埃塞尔：

你写给我的短信我很喜欢。我住的这个地方，离圣地亚哥不远，这里有很多有趣的小蜥蜴。很多人认为蜥蜴会咬人，恰恰相反，它们总喜欢在扬起泥土的大路上四处奔跑，看来就像一群受到惊吓的小东西。它们奔跑的速度很快，跑完以后，它们会安静地站在那里，高昂着头，像骄傲的将军。

树林里还有很多鸟儿飞来飞去，有漂亮的红雀和唐纳雀，那些树林里盛开的花朵也非常可爱，每一朵都是那样娇艳和美丽。我看到美丽的花儿，心情就会很舒畅。不过，这里的尘土很多，每当风儿吹起，那些扬起的尘土你从来没有看见过。有时候，我会在室外的泥地里睡觉，有时候，我会在帐篷里睡觉，生活条件很艰苦，可我能坚持下来。我有一项很好的蚊帐，它让我少受蚊子的叮咬，这地方的蚊子简直是太多了。如果没有蚊帐，不知道我该怎样对付这些咬人的蚊子。

现在，我整天和这些小动物们在一起，没有感到孤单和寂寞。我喜欢小蜥蜴，喜欢各种各样的鸟儿，最讨厌叮咬我的蚊子。你如果看到那些小蜥蜴和鸟儿，你也会喜欢它们。

4. 暴风雨的夜晚

圣地亚哥附近的兵营，1898.7.15

亲爱的埃塞尔：

我经历了一个暴风雨的夜晚，现在，我就来谈谈这场暴风雨。这个地方总是下雨，而且还是倾盆大雨。前几天，我睡在帐篷里的吊床上，半夜的时候，来了一场狂风暴雨，真是太可怕了，这场暴风雨，冲走了我的帐篷和吊床；这场暴风雨，让原来干净的路面变成一片汪洋，淤泥很深，快要到膝盖了。无奈，我只好钻进隔壁的帐篷里，那时，我忽然发现，自己已经变成了一个湿乎乎的人，腿上沾满了泥巴。有人送给我一床毯子，我用毯子把自己裹了起来，又沉沉地睡着了。

这时，有趣的事情发生了，我的帐篷里钻进了一条小蜥蜴，看起来很乖。可是，它开始像青蛙那样到处乱跳，它把喉咙鼓了起来，像个歌唱家。再说说地鸽，它们的个头儿跟大麻雀一样高，布谷鸟竟然像乌鸦那么大。

这个夜晚虽然有暴风雨，可我的帐篷里有可爱的动物陪伴着我，我就不再感到孤单和难过了，这些小家伙给我的兵营生活带来了快乐，我还要感谢它们呢。

这就是我在暴风雨的夜晚经历的事情，这个夜晚对我来说有点可怕，不过，在这样的恶劣天气中，可以锻炼人的意志。信就写到这里吧，以后还有更多有趣的事情，我会写信告诉你们。

【第二部分】

快乐的农场生活

　　从 1901 年 1 月 14 日到 1 月 29 日，在这十五天的时间里，罗斯福来到了位于科罗拉多的吉斯通农场旅行。在这期间，他给儿子特德和女儿埃塞尔写了三封信，在信中他叙述了在野外打猎和翻越高地，骑马追逐猎物的经历以及捕获猎物后的快乐心情。在这次捕猎中，罗斯福获得了很多意想不到的快乐，他在写给埃塞尔的信中，特别提到了农场里的一只名叫莫德的小猪，它喜欢到处乱跑，喜欢吃狗剩下的食物，面对狗的狂叫，莫德从不会害怕，它还喜欢吃奶牛的草。从这些信中，我们可以看到，罗斯福的农场生活是非常快乐的，他写给孩子们的信是很有生活趣味的，没有太多的说教，难怪孩子们会喜欢他，并且把他当成好朋友和好玩伴。

1. 科罗拉多的捕猎者

科罗拉多，吉斯通农场，1901.1.14

幸运的特德：

我们去科罗拉多大峡谷打猎了，我们开车50英里，来到了一个名叫米克的边境小城。在那里，迎接我们的猎手名叫戈夫，他这个人彬彬有礼，而且还有吃苦的精神。

第二天，太阳刚刚露出笑脸，我们就骑马向戈夫的农场跑去，马车装载着我们每个人的行李。天刚亮，我们就起程了，像以前那样，骑马向前飞奔，一路上，我们兴奋地追逐猎物，不停地跃过一个又一个高地，纵马奔驰在那些崎岖不平的山冈上，我们享受着捕猎带来的乐趣，当太阳落山的时候，我们才返回。

这次捕猎，我们的目标是美洲狮和山猫，按照当地的习俗，他们把美洲狮和山猫称为"狮"和"猫"。当时，我们发现了第一只山猫，我们放出猎狗，那些猎狗开始疯狂地追逐山猫，整整追了两个小时，最终，山猫还是逃走了，它们选择了地势很高的悬崖，从悬崖中间逃跑的。到了下午，我们再次发现了另外一只山猫，这只山猫的奔跑速度飞快，我们又开始追逐它，猎狗们狂叫着不停追赶它，峡谷里不断传出猎狗们的回声，听上去，让人感觉，整个峡谷里都有无数的狗在狂叫。

我们骑着小马，不停地在坡上和坡下间奔驰。峡谷里到处都能见到岩石的身影和斜坡，马是没办法再往坡上爬了。到了平地，我们就开始纵马飞奔。最终，被我们逼得走投无路的山猫爬到了一棵大树上。紧接着，有趣的一幕好戏上演了：只见七只摇着尾巴的猎狗跑了过来，一只身上带着斑纹的大猎狗和两只混血狗跟在猎手戈夫的身后，它们不停地跑着，紧紧靠在戈夫的马腿的后面，它们不断地和马后腿撞在一起，戈夫对猎狗的做法丝毫不在乎，他只是瞪大眼睛，一心想要抓住那只爬在树上的山猫。此时，猎狗们开始爬树，这是一棵矮松树，它有很多的枝杈，一只混血狗名叫托尼，它爬到了 16 英尺的高度，那只山猫，看起来就像一只又大又凶狠的猫咪，凶狠地抬起爪子拍打托尼。我端起枪瞄准山猫开了一枪，这样做，子弹就不会打烂它的皮毛。

昨天的打猎很疯狂，我竟然在马鞍上坐了 10 个小时。猎狗们竟然只抓到一只山猫，那场非常激烈的峡谷追逐战之后，猎狗们把山猫堵在乱石丛中，竟然把它咬死了。当时，山猫躲藏在一个山洞内，能够抓到它的只有两只猎狗。

今天早晨，我们刚刚开始捕猎，就发现了一个问题：峡谷里没有了美洲狮的踪迹。我们派出猎狗到处在峡谷里搜索，它们上上下下的寻找，找了两个小时，甚至有时候，猎狗们仿佛离我们很远，我们听不到狗叫的声音。

就在我们不抱有任何希望的时候，猎狗们发现了美洲狮的踪迹，那个踪迹竟然是美洲狮咬死了一只鹿。此时，猎狗们狂叫了半个小时，它们狂叫的目的是想告诉我们：它们就要捕到猎物了。

此时，我们正好在山顶骑着马儿仔细地走在斜坡上，不管马儿走到哪里，对它来说，想要在山坡上找到落脚的地方是很容易的。这时候，猎狗们叫了起来，我们朝着狗叫的方向开始向下走去，我的一位名叫菲尔·斯图尔特的同伴把我们叫了过去，他想给一只坐在小路右侧的野兔拍照，那只野兔看上去有点满不在乎的样子。

不久，我们就看见了美洲狮，它竟然趴在一棵树的树梢上面。此时，两只猎狗爬到树枝中间很高的地方，狮子眼看自己无路可逃，挥动爪子朝猎狗们打去。与猎狗相比，美洲狮更加害怕人类，狮子看到我们的时候，它从树上轻轻地一跃，快速逃走了，猎狗们发现猎物跑了，急忙紧紧地在后面追赶。

就在几百码以内的地方，一幕好戏开始了：猎狗们围住狮子，把凶猛的狮子再次逼到了一棵大树上。当我看到狮子的位置的时候，我开心极了，因为在那里，我完全可以举枪击中它。这时候，只见猎狗托尼爬到了树上，差不多能接近到美洲狮的位置了，紧接着，一出更精彩的好戏上演了：托尼竟然从树上重重地摔了下来，那棵树离地面有20英尺高。

我们都在等着斯图尔特给美洲狮拍照片，就在这个时候，美洲狮又成功逃跑了。但美洲狮没跑多远，离猎狗们的距离只有200码，猎狗们再次堵住了它，接着，美洲狮与猎狗们的战争又在科罗拉多大峡谷上演了。一场恶战过后，猎狗们靠着团结的力量，完全可以把美洲狮咬死，可惜的是，美洲狮太强悍了，有4只猎犬被咬伤和抓伤，我们实在担心美洲狮会把其中的一只猎狗咬死，于是，我快速地跑了过去，用刀从它的背后捅了进去，刺中了美洲狮的肩部，接着，我拿着你送给我的刀子，刺进了它的心脏。

我真的很开心，我依靠猎狗们和你送给我的刀子，把美洲狮变成了我的猎物。这是我多年来一直希望实现的愿望，今天，我终于梦想成真。幸运的特德，我感谢你送给我的刀子，你把幸运带给了我，希望从此以后，我再捕猎的时候，能捕到更多的猎物，幸运永远与我同在。

2. 擅长爬树的狗

吉斯通农场，1901.1.18

亲爱的小埃塞尔：

我今天特别快乐。旅行带给我很多的快乐，你和你的妈妈还有你的姐姐，肯定都不会喜欢，我觉得：你们都会喜欢那些能奔跑，擅长爬树的狗。这11只狗，它们在捕猎的时候，真正能做个捕猎高手的只有8只。在这个星期，这8只猎狗全部在科罗拉多大峡谷参加了美洲狮和山猫的战斗，在这场残酷的战斗中，每只猎狗都留下了伤痕，它们总是在威胁对方，想要再进行一场战斗，但是，它们对待人的态度却是非常友好的，就好像我们对待家犬的态度一样。它们对待我的态度最好，那是因为它们知道我最宠爱它们。

就在此时此刻，两只在今天早晨被美洲狮打伤的猎狗，正在跟我做着亲昵的举动，它们用鼻子拱我的膝盖，这样做是为了得到我的爱抚；但是，它们彼此之间却发出哼哼声，这种声音是猎狗之间挑衅的叫声。

猎狗们对待同类是这样的无情，可对待其他动物却很友善，它们与农场的小猫们就相处得很好。其中，三只同美洲狮作战的猎狗，它们在所有猎狗当中对人类最有感情，除了善于和人类交流感情之外，它们还有一样特长，那就是爬树！

昨天，我看到一种小松树。这种松树个头矮小，但是，它们的生命力旺盛，满山遍野到处都有。我在一棵矮松树的树梢上竟然抓到了一只动物，猜猜看，你知道是什么吗？我告诉你，它是山猫。当时，名叫"土耳其"的大猎狗爬到树上追山猫，它在树上爬了一段时间，其实，那时候，大猎狗已经爬到了树顶，离那只山猫的距离只有不到两英尺了。

接着，我开了枪，山猫被我打到了树下。此时，"土耳其"爬了一段非常短的距离后，它头朝下掉了下去，穿过了那些树枝丫，来了一个跳跃的动作，落在山猫的背后。而此时，托尼，这只混血的猎狗，它在树上追捕每个动物的时候，每次都要来一个头朝下的表演。

告诉你，我亲爱的女儿，我们养了几匹很漂亮很可爱的小马，它们还有一个本领：能够攀登到任何一个不一样的地方。等找个合适的时间，让你的妈妈拿出古斯塔夫·多雷画的那些树给你看看，你能想象得出来，山上的树看上去和古斯塔夫画笔下的树是一样的。

3. 农场里的动物
吉斯通农场，1901.1.29

亲爱的小埃塞尔：

在农场的周围有很多动物，你一定会觉得它们很特别。我觉得最独特最安静的动物就是一头猪，它长得白白的，我们给它起了个名字叫莫德。莫德特别好动，而且任性，经常到处随意地乱跑。它总是从狗那里获取食物，这些食物是狗吃剩的剩饭，狗每次看到莫德吃它的剩饭都会发出叫声，但是它却心安理得地吃着，因为它知道这些狗只是吓唬它，不会吃掉它。接着，它会慢慢地走到奶牛的身边，去分享奶牛的苜蓿草，奶牛们不搭理它。有一只狗当了妈妈，它生下一窝小狗；你看到这些可爱的小狗，一定会喜欢它们的，喜欢它们的小鼻子和它们的叫声，它们的叫声不像大狗那样吓人，声音很细小，听上去很悦耳。

◤第三部分◢

总统的悠闲时光

　　蚝湾，是罗斯福最喜欢的地方。空闲的时候，他总会带着夫人来到这里，度过一段美好的时光。从 1900 年 11 月到 1901 年 5 月，从冬天到春天，他不仅给儿子特德写了几封家信，还先后给作家马丁和卡罗小姐写了信。罗斯福在写给特德的信中，送给特德很多忠告，希望他的学习成绩能超过运动的成绩；他还对特德提出了很多的要求，这些要求并不是唠叨和教训。特德读了父亲写给他的信，他能够理解父亲对他的关爱，不会产生逆反的情绪，这就是罗斯福教子的高明之处。罗斯福给特德的信，不仅仅是忠告，更多的是充满了童趣，比如，他会在信中详细地写道，作为父亲，同时也是一个心怀童真的成年人，他会和两个小儿子在床上玩闹，特德读完这封信后，让远离亲人在外地求学的他，也能感受到家的温暖。

1. 给动物起个好名字

蚝湾，1900.11.22

E. S. 马丁：

您给我们寄来的书，我和夫人都很喜欢，我想衷心地对你说一声谢谢。这本书做得非常精致，书中的插页很特别，最让我们感动的是您在书中写的关于我的长子特德的那段文章，非常精彩。提到孩子，我想问问您的孩子的情况，您的孩子上几年级了？您在信中对我很坦诚，我也想坦诚地告诉你一些关于特德的情况：特德在唱诗班里唱歌，他还担任他们宿舍里的橄榄球队队长。刚开始的时候，特德很想家，现在，他在那个小世界里找到了属于自己的位置，他一切都很好。

特德的妈妈曾给他写信，询问过他的衣服的问题，特德给他妈妈回信说：他的情况非常好，不过，他有一条裤子从中间开缝了，在和其他人的扭打中，他的夹克衫被扯掉了一只袖子；他去参加在地下室举行的宴会时，不小心坐在了一块果酱馅饼上，裤子抹上了果酱。

读着特德的来信，我和他的妈妈都很想他，虽然，我们身边还有 5 个孩子。我告诉你一件有趣的事情，这件事情我从来没有对你说起过。我的第二个孩子养了很多豚鼠，他给那些小宠物们起了很多好听的名字，它们的名字分别是："多恩主教""约翰逊博士"（这个名字是我的荷兰新教牧师的名字）"格雷迪神父"（这个名字是取自一位本地的牧师，我的孩子们和他非常熟悉，经常在一起玩，总喜欢和他斗嘴）好斗的"鲍勃·埃文斯"和"德威将军"（德威将军是美国海军的军官，他非常有名气，那是因为他参加了西班牙战争，并在马尼拉湾取得了胜利）。

还要告诉你一个有意思的事情，以前，几个在西弗吉尼亚支持我的共和党人，他们送给我一只小熊。孩子们见到后，都很喜欢它，他们商量好后，给小熊起名叫"乔纳森·爱德华兹"，这个人不仅是一位牧师，还是位神学家和哲学家。给小熊起这个名字，是为了褒扬它们妈妈的祖先，但是，还有一个原因，我的孩子们认为：他们发现这只可爱的小熊的性格中竟然有某些加尔文教徒的特征。我一直觉得很有趣，所以把这些事情写下来，与你一起分享。

2. 我们不做丑木偶

蚝湾，1900.12.8

艾米丽·T.卡罗小姐：

有一天，在《圣经》课上，我的孩子克米特和埃塞尔在谈话，他们的这次谈话非常有趣，话题是关于约瑟。在读这段之前，他们在阅读昆廷的书，书中讲述的是一个丑木偶的历险故事。约瑟在梦里对待自己的弟弟们的行为，让我的两个孩子非常震惊，他们认为约瑟的行为是法律所不能饶恕的，他不配做弟弟们的兄长。

克米特对埃塞尔说："我觉得那个约瑟是个傻瓜。"

这时候，埃塞尔插嘴说："我也认为他是个傻瓜，我搞不明白他为何要那么做。"

克米特听完埃塞尔的话后停顿了很多时间，好像是在思考，然后，他对埃塞尔说："我猜测，约瑟肯定是头脑简单的人，他就像丑木偶故事里面的简。"

埃塞尔听完，同意克米特的看法，她郑重地点了点头。

想起克米特和我的小骑手阿奇两人一起去科夫小学上学的事情，我就觉得很有趣。当他们离开家的时候，他们冲向我，阿奇手里握着一把短柄

15

小斧头朝我砍来，你千万别担心，这把斧头非常钝，6 岁的孩子完全可以拿它当玩具来玩耍。谈到阿奇，他是一个很勤奋的小砍伐者，前几天，他跑来告诉我，他费了好大的力气，砍倒了一棵有 50 英尺高的郁金香树，那棵树长得不挺拔，有点歪歪扭扭。

3. 送给特德的忠告

蚝湾，1901.5.7

幸运的特德：

我最高兴的事情就是能见到你，我最快乐的时光就是和你在一起度过，当我们分别的时候，在我的眼里，你是个出色的好孩子。我对你在文化学习和体育运动方面取得的成绩感到骄傲。但我期望你在体育运动方面表现出色，在学习成绩方面更加优秀。我并不要求你在这两方面都特别优秀，如果过分地要求你，会让你太累给身体造成伤害，这就不好了。我一直相信，你一定会努力做好每件事情，无论是学习拉丁文还是数学，无论是拳击还是橄榄球——我相信你能行。

同时，作为一个男孩子，我希望你能把握自己，希望你在体育运动和学习上找到平衡的感觉。如果不是为了去实现自己的理想，那就不值得为此耗费太多的时间和精力。我希望你能刻苦磨炼自己的本领，天天坚持下去，别小看平时的这些磨炼，它会使你在关键的时候，将自己最后的勇气和力量都投入到竞争中去，使自己赢得最终的胜利。我不希望你浪费这些优秀的品质。

你要记住，你的橄榄球要玩得像以前那样好，在拳击和摔跤的项目上，一定要争取取得好成绩，在你们第二队里你要做舵手，在学习上排名次的时候，一定要排在第二和第三，我不要求你排第一，能取得这样的名次就很不错了。如果有一天，我看到你在班级里的排名跌落到中游水平，那我会非常难过，因为，如果你不能在 19 岁以前考上大学，你就会推迟进入社会的年龄，我希望你在进入社会的时候能够在各方面做好充足的准备，只有这样做，才能为自己的未来打好基础。我知道，你会尽自己的全力，保住你现在在班级里的名次。作为父亲，我一直坚信，你一定不会让我失望。

蚝湾这个地方气候很好，适宜人的居住，此时，樱桃树开花了，美丽的花朵绽放在枝头，惹人喜爱，可桃树却刚刚开出花朵，苹果树的开花期很短暂，只有 10 天。五月花和血根草开败了，银莲花在春天盛开，美丽的紫罗兰才开始发芽。鸟儿们都飞到这儿来了，每一只鸟儿都很可爱，一大群鸟儿展开翅膀从树林中飞过。

昨天，你的弟弟克来特做了一件让我快乐的事情。我想让他骑一匹名叫"钻石"的马儿。但是，我没想到的是，骑马这么简单的事情却把他难住了，那是因为他总喜欢在家里度过快乐的时光。不过，他最终还是骑上了我的马鞍，开始了在马背上的休闲时光。

你们的妈妈与一匹名叫雅根卡的马儿相处得不好，因为我看到她总是在摩擦着那匹马儿的后背。你们的妈妈很顽强，她坚持要练习骑术，而我又拿不出多余的马鞍来供她使用，无奈，昨天，我只好让你们的妈妈骑在一匹没有马鞍的马背上。真没想到，雅根卡那匹马儿的步伐竟然是那样轻快，难怪我觉得骑着雅根卡比骑在有马鞍的"德克萨斯"上面还要舒服得多，我骑着它跑了 3 英里。

有一只很狡猾的白豚鼠名叫"小德威"，我很希望你能看到这样一个很温馨的时刻：克米特领着"小德威"和"鲍勃·埃文斯"在草地里非常快乐的样子，他和它们会玩上一天。你可以想象得到，最可爱的小家伙还是阿奇，他一直都在想念你，如今，他和尼古拉斯培养了很深厚的友情，却让他的保姆玛米非常难过，玛米心甘情愿地照顾他，就是为了昆廷。

今天早晨，昆廷犯了一个错误，不像以前那样受到你妈妈的疼爱了，他竟然拿起一块木头扔到了你妈妈的头上。虽然这是昆廷在和你妈妈嬉闹，但是，你妈妈却很生气，她不会放纵昆廷再犯这样的错误，她想让昆廷认识到他犯了非常严重的错误，所以开始教训昆廷，没想到的是，昆廷脸上带着痛苦的表情，大哭着向我这边跑过来，他把他的金色头发埋在我的臂弯里，脸上带着一副悲伤的表情。我看到昆廷的样子，知道他已经很难受了，就决定不再批评他，也不再惩罚他。

我再告诉你一件有关埃塞尔的事情，你知道吗？埃塞尔最近喜欢上了艺术杂志，为了购买艺术杂志，她在拼命挣钱，她挣钱的方式很简单，就是在人行道上锄杂草，她是那样的勤奋。今天下午，当我尝试着教埃塞尔骑"钻石"的时候，艾丽丝站在雅根卡的面前跃跃欲试，她想要骑上它的背，此时，克米特已经骑马转了一圈回来了。

昨天吃晚餐的时候，我们边吃边聊天，谈起了布兰克夫人，那是位可怜的夫人，她的样子看上去非常糟糕。这时候，克米特突然对身边的埃塞尔说："噢，埃塞尔，你知道布兰克夫人看上去像什么东西吗？她像戴维斯养的那只老母鸡，可惜它已经死了。你知道吗？一只死了的老母鸡是不会跳到树上的。"当时，克米特没看到我们都在听他讲话。我只会告诉你，不会告诉任何人，这真的是一个不方便公开的私人趣话，你就当作笑话听了。我和这些调皮鬼待在一起，你不知道我是多么的快活。

4. 两个淘气包

蚝湾，1901.5.7

快乐的特德：

你知道吗？我最近喜欢和阿奇、昆廷玩游戏，就是在两个淘气包上床以后和他们一起嬉戏。每到晚上，他们就非常期待我跳上他们那个又暖和又舒服的小床，然后我帮助他们在床上翻跟斗，用手给他们挠痒痒。后来，他们跟我玩起更刺激的游戏，他们竟然像指挥官一样，对我下达了这样的命令：在晚餐之前，我必须在他们面前扮成狗熊陪他们玩耍，要一直陪伴他们玩到他们睡觉的时候为止，这对我来说简直是惩罚，不过，我也很开心，作为父亲能和孩子们玩游戏，那是最开心的事情。

今天是阿奇的生日，昆廷有点不开心了，他看到阿奇有礼物，他没有得到礼物有点生气了，他这个只有三岁的孩子非常真诚地对我说，他看着阿奇得到礼物，而他没有一件礼物，这给他带来了很大的痛苦。我们开始责备他，希望他要尊重他的哥哥，他应该有关爱他人的精神，并且向他讲明了一个道理：阿奇过生日会有礼物，当他过生日的时候也会得到礼物。很快，昆廷开始觉得做错了，但他不想向阿奇道歉，他说："得了，不管怎么说，孩子就是孩子，我干的事情是孩子应该做的。"

这就是你的两个淘气包弟弟的故事，你是不是觉得很有趣呢？阿奇和昆廷最喜欢玩的游戏是在家里吹泡泡，当看到那些泡泡被他们吹得飘来飘去的时候，他们就坐在草地上开心地叫着笑着，泡泡带给孩子的快乐，是任何玩具都无法替换的。等你回家的时候，我们一起快乐地游戏，好吗？

5. 回家

蚝湾，1901.5.31

幸运的特德：

我在给你的信件里装入了几张菲律宾革命时期的纪念邮票，我觉得有些孩子会喜欢这些珍贵的邮票。

不知道你是不是已经作出了决定，是在 7 月的最后一周或者是 8 月的第三周去尝试射击，还是等你回来看我的时候，我看看能否从波斯特先生那里找到某件你可以做的更好的事情？

　　我们都要去参加布法罗博览会了，希望你也能去那儿。那地方确实很美丽，布置得非常漂亮。我和艾丽丝有个愿望，当我们在杰纳西奥骑马外出的时候，你能够来看我们，并且和我们待在一起，度过美好的时光。

　　你还记得沃兹沃斯上校吗？他送给我一匹名叫"特莱顿"的大马，它看起来很剽悍。你姐姐特别喜欢骑马，她尤其是喜欢骑一匹纯种的母马，这两匹马都很厉害，它们能轻松跳过障碍物。我要告诉你，你姐姐第一次体验骑马跳障碍物，虽然这是她的第一次尝试，可她做得特别好，她竟然骑马跨过了所有的栅栏，我特别为她感到骄傲，她自己也很高兴。这样的障碍，对我来说也是第一次，我是首次把障碍物放在"特莱顿"的眼前。我没有去尝试太高的障碍，不过，那些柱子和围栏还是高达4英尺，完全可以检验你姐姐的骑术。我们应该做的事情，就是当马匹完美地跨越围栏的时候，把自己和马背牢牢地粘在一起，尽情去享受骑马跨栏带给我们每个人的乐趣。我要告诉你件事情，我真的不好意思对你说，当我骑马跨越四五个栅栏的时候，我从马背上弹了出去。过了一会儿以后，我重新上马，很快就找到了骑马跨栏的感觉，我重新找回了骑马的姿势。自从我上一次跨越栅栏以来，已经过去了很多年。

　　在奥尔巴尼，你妈妈在那里停留的时间很短暂，你姐姐去了波士顿，周二下午，我独自一个人来到了一个地方。在火车上，我遇到了雕塑家圣高登斯先生和邓恩先生，我们一起共进午餐。我非常喜欢这两位先生，见到他们，我非常愉快。

　　直到10点我才回到家，克米特看见我非常高兴，吃晚饭的时候，克米特在我的身旁坐下，我们互相说了各自看到和听到的有趣的事情。埃塞尔为了能在第二天准时醒来，她竟然把闹钟放在了自己的枕头下面，可惜，到了第二天早晨，闹钟不停地响着，埃塞尔依然睡得香甜，你的弟弟昆廷也在香甜地睡着。阿奇被闹钟吵醒了，他告诉我，他又得到了一只海龟，不过，这只海龟和他以前的那只一样大。

　　今天早晨，不知道是什么原因，昆廷和布莱克两个人，都不给我留出一点时间。布莱克像只小猫一样蜷缩在椅子里，看上去是一副懒洋洋的模样；而昆廷变成了一个健谈家。可惜，我的信件堆积如山，我要回复这些信件，昆廷对我说起话来没完没了，不能让我静下心来回复那些信件，平时看起来很简单的工作，现在却感到有些难度。

这时候，阿奇跑来对我说：他看见了巴尔的摩黄鹂鸟，它正在水上捕食小鱼。他当时正在做这方面的研究，这给他的研究找到了理由，但很快，我就发现了问题，我看到了真相：在水上捕食的不是巴尔的摩黄鹂鸟，而是从水面上飞过的家燕。

这就是我回到家里所见到的事情，我把这些有意思的事情写信告诉你，同时，让你分享我们的快乐。

▌第四部分▐

白宫的日子

    1901 年 11 月到 1903 年 1 月，在这长达三年的时间里，罗斯福给他的孩子们和朋友的孩子以及美国作家哈里斯写了 7 封信。罗斯福写给朋友的女儿小莎拉的信，还画了两幅图画，这让小莎拉非常激动，她一直珍藏着总统送给她的这份特别的礼物。罗斯福在白宫的日子有滋有味，在这里，他和小狗"钻石"成为了好朋友，虽然在后来的日子里，小狗"钻石"被他的夫人送走了，可它曾经带给总统一家人很多的欢乐。最有趣的事情莫过于罗斯福给两只豚鼠当保姆，那是因为小女儿不在白宫的家中，照顾豚鼠的工作就交给了罗斯福，这也让罗斯福的小女儿非常满意。在白宫里，罗斯福和他的家人非常快乐，他们度过了与众不同的感恩节和圣诞节，不过，当克米特和特德离开白宫去外地求学后，罗斯福却感到了孤单，很快，汤姆猫和杰克狗来到了白宫，给孤单的总统带来了欢乐。

1. 一封特别的信

白宫，1901. 11. 3

亲爱的小莎拉：

我一直很感谢你，我在白宫过第一个生日的时候，你写了一封短信祝福我生日快乐。你给我寄来的生日贺信我非常喜欢，我把你寄来的贺信给孩子们看了，他们对我说，作为答谢，我应该画两幅画送给你。我很高兴能为你作画，我在思考该给你画什么，想来想去，忽然想画一只鹦鹉。

我们养了一只大金刚鹦鹉，它的羽毛是蓝色的，我的儿子昆廷称呼它"鹦鹉波莉"。我们在温室里给鹦鹉波莉安了家，它很适应温室里的生活，看到我们，它没有陌生的感觉，对我们的态度非常友好，它是一只友好的鹦鹉。但是，它有个爱好，喜欢发出古怪的噪音。它对食物有自己的口味，它爱吃面包、马铃薯和咖啡渣。你看，它的胃口是多么好，它喜欢吃咖啡渣，这口味确实有点古怪。

我的孩子们有一匹小马，它不像大金刚鹦鹉这么友好，它非常狡猾，我们一直把它当宠物来饲养，就像对待一只宠物狗。不过，当孩子们想要骑在它背上的时候，它总会耍一些小花招，不让孩子们轻易骑到它的背上。我的孩子们擅长骑马，很快就会驾驭它。

这匹狡猾的小马，有时候也会发脾气。前几天，埃塞尔骑在它的背上，它忽然跳跃起来，把埃塞尔摔了下来，她来了一个倒栽葱，但她很快就爬了起来，没有哭鼻子，只是拍干净身上的尘土，再次上马。

你爸爸看了我给你的画，他肯定会认为我的画简直是太粗糙了，看起来就是石器时代的绘画作品，这样的评价的确让我感到有点难过，不过，我不会回信埋怨他的。

请代我向你的爸爸问好。

你爸爸的朋友：西奥多·罗斯福

2. 白宫宠物

白宫，1902.6.9

亲爱的乔尔·钱德勒·哈里斯先生：

您的来信，对克米特来说是最好的慰藉，他一直很喜欢您的作品。他自从收到您的信后，开始关心您本人，他得知您生病后，一直担心您的身体，整天忧心忡忡。克米特一直想让您送给他一本《杰克老爸》，如果他得到这本书，一定非常开心。虽然爱丽丝有一本《杰克老爸》，但是，克米特也想得到一本。

昨天夜晚，我和夫人坐在白宫后面的走廊外面聊天，聊着聊着就谈到了您，我们非常希望您能有时间来白宫做客，和我们一起坐在那里闲聊。不管您什么时候来，我们都欢迎，不过，我更希望您能在黄昏以后来，这样，您就能欣赏到白宫夜晚的景色。

白宫的夜晚是很有魅力的，夜色中，华盛顿纪念碑高高耸立在广场上，它的高度达到555英尺，在我的眼里，它是世界上最高的建筑物。如果您来了，可以站在白宫，看到这座纪念碑，我想不会带给您俗气的感觉。尤其在六月的季节，空气里到处充满芳香，那是茉莉和忍冬的味道，您一定会喜欢这两种植物的味道。

在白宫里，到处都是孩子们养的宠物，这些可爱的宠物，带给孩子们很多的快乐。其中，一只最传统的小狗，孩子们最关注它。然后是小猎犬"杰克"、一只名叫"见习水手"的切萨皮克海湾狗；另外，漂亮的金刚鹦鹉"伊菜",孩子们也很喜欢它,它的嘴巴很坚硬,我觉得它能把钢板咬穿。现在,伊菜正在到处乱爬,不是在地板上,而是在特德的身上。我看着这只漂亮、活泼的鹦鹉,竟然有一肚子的疑惑。

白宫宠物里最友好的是乔纳森,它是一只花斑老鼠,它对人非常友好,而且很有感情。它喜欢乱爬,喜欢在每个人的身上爬;我们还养了飞鼠和两只袋鼠,这些白宫的宠物,您最喜欢哪一个?阿奇的宠物名叫"阿尔冈昆",它是白宫所有宠物中最让人喜欢的宠物,它究竟是只什么动物?亲爱的哈里斯先生,您是孩子们最喜欢的作家,您可以猜猜看,我想,您一定会猜到的。

我还想对您说,我和我的夫人以及孩子们读过您所写的所有故事,其中,有的作品还反复阅读过很多遍,真的是百读不厌。感谢您带给我和我家人以及很多美国读者的好作品,再次对您表示感谢。

3. 一只名叫"钻石"的小狗

白宫,1902.10.13

幸运的克米特:

得知你在格罗顿所做的事情,我心里非常高兴。看起来你的日子过得既快乐又顺心。我想要告诉你,想要做好该做的事情,一定要专心致志,还要付出精力和时间,尤其在拉丁文上面,你应该付出更多的努力,更加刻苦学习才行。谁会成为你的对手?不知道你想过没有。在踢足球的时候,我告诉你一个诀窍,你可以倒在球下,然后抱住后卫。我想知道,你是用什么方法和姿势抱住的?

还记得小狗"钻石"吗?你妈妈认为钻石在城市里不能做一只好狗,于是,她决定把钻石送给你的叔叔威尔。并且她告诉威尔叔叔,她觉得钻石不是一只好狗。威尔叔叔很喜欢钻石，对它付出很多的感情，很快就用真情征服了钻石。钻石发出的汪汪汪的叫声，带给威尔叔叔精神上的愉悦。但你妈妈却说：既然是这样，我们就没必要占有它。

以前，小狗钻石在白宫的时候，你妈妈带它出去散步，钻石是引路者，它拉着你妈妈奔跑，你妈妈看起来像一辆罗马战车。现在，你妈妈把钻石送给威尔叔叔，她认为威尔叔叔能够镇住它。

昨天，当你妈妈和埃塞尔抓住它，竟然从它的毛发里拿出了刺果，不知道它是不是很高兴，看它那舒服的样子，就知道它很享受这个美好时刻。无论如何，对他们来说，这都是愉快的时刻。等你回到白宫的时候，就再也见不到小狗钻石了，如果你想它，可以到威尔叔叔那里去看它，这个顽皮的小家伙一定会很乐意跟你玩耍的。

4. 给豚鼠当保姆的总统

白宫，1902. 10. 20

亲爱的伊丽莎白·斯图尔特·菲尔普斯沃德小姐：

此刻，你肯定无法想象，一位美国的总统在做什么？你肯定猜不出来。我来告诉你答案。我的小女儿不在家，她出去了，我现在正在给两只可爱的小豚鼠当保姆。你一定会觉得很有意思吧。

小女儿在出门前特意叮嘱我，外面很不安全，我必须和小豚鼠们待在屋内，并且还要按时给它们喂食，照顾它们，不准我把它们整天锁在笼子里。小女儿认为：豚鼠也有自由，它们也需要散步，必须由我陪着豚鼠们在屋子里散步，她总觉得豚鼠在室外散步会有很多意想不到的危险。

我这个人喜欢动物，绝对不想让任何动物遭受到任何伤害，我对小女儿说：我一定会照顾好豚鼠。

5. 与众不同的感恩节

白宫，1902.11.28

亲爱的克米特：

昨天，我们度过了一个很特别的感恩节，应该称之为：骑马感恩节。我们全体出发的时候，看起来就像坎伯巴奇家族。阿奇很高兴，他骑上了他最爱的小马，自然很开心；埃塞尔和罗克特先生一起骑马出去打猎，她骑的是"亚根卡"，她虽然对这匹马不是很满意，可仍然很兴奋，对她来说，打猎比待在白宫里规矩地过一个感恩节要强一百倍。

你妈妈骑着一匹名叫约寇·鲁特的马，特德骑的不是普通的宠物马，他骑的是最棒的战马，那可是骑兵才能骑的战马！我骑的马名叫瑞瑙恩。陪我们一家人去打猎的还有参议员洛奇、叔叔道格拉斯、表弟约翰·埃利奥特，还有鲍勃·弗格耶先生和伍德将军。

我们纵马奔驰了三个小时，大家都非常开心，然后，所有人尽兴而归。

昨天，我还见到了我的好朋友伯茨耶，这是他来华盛顿以后我们的第一次见面，老朋友见面非常愉快，我们都非常激动，他看上去都有点无法站稳了。

感恩节这天最有趣的事情，是陪小狗杰克和小猫汤姆一起玩耍。那天，我把你弟弟昆廷狠狠地教训了一顿，原因是：他竟然把小猫汤姆放到了浴缸里，他说要给小猫洗澡，就拧开水龙头，凉水冲到小猫的身上，让小猫不停地颤抖。我发现后把小猫从浴缸里救了出来。后来，我原谅了他，因为他不是有意要伤害小猫，只是想给它洗澡。

昨天傍晚，我们在新落成的国宴厅举行了晚宴，参加晚宴的除了我们全家，还有洛奇夫妇和他们的亲属，晚宴上，我们举杯为你们这些没来参加宴会的人干杯。晚餐后，我们把桌子都搬了出去，舞会开始了。舞会上，最漂亮的就是你的妈妈，她看上去就像画中的美女，我和她跳了一支华尔兹，洛奇夫人和我跳了弗吉尼亚里尔舞。

6. 白宫里的圣诞节

白宫，1902. 12. 26

詹姆斯：

圣诞节那天，我收到了很多的礼物，但我还是最喜欢您送给我的礼物，我要对您说声谢谢。因为我在很小的时候就非常尊敬您的祖父，我也很敬重您的父亲。这些年来，您用心地培养我的孩子，把他们当成您自己的孩子，我很感动。

说到可爱的孩子们，他们特别喜欢过圣诞节。昨天，阿奇收到了我和他妈妈送给他的圣诞礼物，我送给他一支小步枪，他的妈妈送给他一双马靴。可惜，明年夏天阿奇才能用这支步枪，可他还是穿上马靴，骑上他的那匹名叫阿尔冈昆的花斑小马离开了，看上去他的心情是快乐的。

昨天早晨七点十五分，孩子们都起了床，他们穿好了衣服，开始用手敲打我和我夫人卧室的房门，此时，有 6 双袜子挂在房间里的壁炉上，每双袜子看起来都很古怪，都是鼓鼓囊囊的，里面塞满了东西。

就这样，我和我夫人赶忙起床，我们打开窗户，透点新鲜空气，然后，在壁炉里面点上火，取下那些挂在壁炉上面的长袜，藏在了我们的被褥里。一切准备工作做好后，我们就准备打开房门，让孩子们进来。这天，发生了一件让我和我夫人都非常吃惊的事情，我的儿子阿奇竟然有一棵小小的圣诞树，它不是普通的圣诞树，这棵圣诞树是木头制作的，是由一位木匠帮他做好的，安装在一只很大的壁橱里。我们所有人都去看阿奇的圣诞树，每个人的礼物都是从圣诞树上找到的。

我们还找到了给小狗杰克、小猫汤姆和小马阿尔冈昆的礼物，每当我看到阿奇非常关心他的那匹小马，我总会联想到，他关心他的小马就像我关心我的孩子们那样用心。当孩子们全部爬到了床上，他们都迫不及待地打开了各自手里拿着的长袜。接着，我们都穿好衣服，来到餐厅吃早餐。

吃完早餐后，我们都去了藏书室，每个孩子都找到了摆在各自桌子上的礼物。昆廷得到了一套电动铁路，那是一套很可爱的玩具。这套礼物不是从商场买来的，而是他的朋友，白宫的电工师傅给他装好的，这位电工师傅喜欢孩子，对所有的孩子都非常友好。紧接着，特德和我，还有伍德将军和骑兵团的一位名叫鲍勃的中尉，一起去骑了 3 个小时的马。午餐的时候，我们所有的人和孩子们的姑妈考尔斯夫人在白宫一起吃饭。到了下午，我和伍德将军以及弗格森先生玩起了单棍球，我们只玩了一场球，一起度过了快乐的时光。

我会设法请您父亲来白宫。不过，这场单棍球让我们发生了碰撞，您千万不要担心，我没有发生危险，我们碰撞的很轻。今天，我的眼睛肿了起来，手腕疼痛极了。转眼到了晚上，晚宴很丰盛，我们全家和亲属，还有洛奇夫妇全家和亲属尽情地享受了一顿美餐。吃完晚饭，就是快乐的舞会，在白宫的东大厅，我们翩翩起舞，大家都跳得很快活，最后，舞会结束的时候我们跳的是弗吉尼亚里尔舞。

7. 汤姆猫和杰克狗

白宫，1903.1.6

亲爱的克米特：

　　自从你和特德离开我们以后，我们每个人都很难过，我感到非常孤单，有种孤寂的感觉。给我带来心理慰藉的是你们两个在校园里开始了愉快的学习和生活，祝你们在学校一切都顺利。

　　我告诉你，汤姆是我见过的最机灵的小猫，它闲着没事干，总是去找杰克玩耍，这让我非常紧张，我很害怕它会把杰克激怒。前几天早晨，它们两个都在藏书室里，杰克趴在壁炉前睡觉，一副睡不醒的样子，汤姆在一边蹦蹦跳跳，看起来一副顽皮的样子。忽然，汤姆飞快地从地板上跑过来，猛地朝窗帘扑去，用爪子拨弄窗帘上的流苏。此时，汤姆发现了杰克，它快速跑向杰克。趴在地板上睡觉的杰克清醒过来，它的脸上带着愤怒又羞怯的表情，急忙跳开并且敏捷地爬上了沙发，汤姆猛地朝杰克身上扑去。杰克躲开了，跳到另一张沙发上，汤姆却紧紧追赶杰克。无奈，杰克只好朝门口走去，汤姆从沙发上跳下来，轻轻地绕过桌子，在杰克跑到门口的那一瞬间，汤姆把握好时间，准确地跳到了它的身后。杰克很聪明，它轻轻地朝前跳跃，就躲开了，它们两个小家伙出了房门，竟然是一前一后。杰克没有出现在我面前。时间过去了5分钟，汤姆回来了，它挺胸抬头，脸上带着严肃的表情。

　　前几天的一个傍晚，白宫里来了一个客人，他名叫坎农，是白宫发言人，他为人很严肃，脸上留着络腮胡子。他是一位老绅士，他走进来的时候，根本没有看到这个机灵的汤姆猫。坎农先生是我的好朋友，我们坐在一起商讨重要的事情，都是会议的政策方针，我们的谈话持续了很长时间，一直谈到深夜 11 点。当坎农先生准备离开白宫回家的时候，我出于礼貌，把他送到了楼梯口。

当坎农先生走到楼梯当中，汤姆从旁边走过来，它直立着毛茸茸的尾巴。当它看见坎农先生正要走下楼梯的时候，它把他当成了一位正想溜走的玩伴，用最快的速度跟在他的后面。突然，汤姆猫伸出前肢，紧紧抱住了坎农先生，那样子，就像它和阿奇、昆廷正在玩捉迷藏游戏。接着，它抱住他的前肢松了下来，用飞快的速度跑下了楼梯。奇怪的是，坎农先生没有发火，他平静地看着它跑开，脸上没有流露出一点儿惊讶的表情。

再说说埃塞尔。新年过后，她不太高兴地回到了寄宿学校，不管她心里是否愉快，她还是会回到学校，迎接新学期的学习和生活。这会儿，我刚吃完午饭，正在向洛布先生口授这封信的内容，杜拉尼站在我的身后，给我剪头发。你妈妈躺在沙发里，正在大声地读书给昆廷听，昆廷像往常一样，他把自己吊在沙发的后面，摆出一种非常不舒服的姿势听你妈妈读书。

在傍晚来临之前，我们不会见到阿奇了。直到傍晚的时候，阿奇才会突然出现在我面前，然后，像骑士那样向我发起挑战，不是决斗，而是赛跑或者是扮演熊。如果阿奇的挑战没有成功，或者我不接受他的挑战，他就会安静下来，要求我给他讲很多好听的小猪的故事；如果我不能满足他的要求，他会要我为他大声朗诵挪威的民间故事。

【第五部分】

罗斯福的西部之旅

　　1903 年 4 月到 5 月，在这一个月的时间里，罗斯福离开白宫，带着夫人开始了西部之旅。罗斯福和夫人游览了很多地方，从怀俄明州到加利福尼亚州，从黄石公园到亚利桑那大峡谷，他不仅看到了很多的野生动物，还欣赏了西部美丽的自然风光，这位见多识广的总统在归途中依依不舍，流连忘返。在新墨西哥，罗斯福面对沙漠文明，他不禁发出感叹；在他的眼中，沙漠文明既古老又陌生，当他看到神奇的亚利桑那大峡谷的时候，他不时发出赞叹，那些盛开在山野的鲜花，更给他带来强烈的视觉冲击。出门旅行的总统，也没有忘记他的孩子们，他给孩子们带回了一只小獾，后来，小獾成为孩子们的好朋友。西部之旅，罗斯福收获很大，不过，他是一位想家的总统，他最想念的还是家中的亲人。

1. 西部独特的风景 （一）

怀俄明州，黄石公园，1903.4.16

亲爱的埃塞尔：

今年 4 月，我决定离开白宫，做一次特别的旅行，向着太平洋海岸进发，我打算去黄石公园和亚利桑那大峡谷游览。

埃塞尔，我的女儿，我真的希望你也能有机会来到黄石公园，跟我一起来看看这里的野生动物，它们是多么的温顺。就在我提笔写这封信的时候，我看到从山坡上走下来 12 头鹿，它们整齐地走向位于房子右前方的阅兵场，它们是要去吃干草。此时，所有的鹿都瞪大眼睛，看着不远处正在吹奏"撤退号"的号手。

2. 西部独特的风景 （二）

加利福尼亚州，德尔蒙特，1903.5.10

亲爱的埃塞尔：

看到你写给我的长信我很开心。长途旅行确实让我很累，在以后的四天行程里，我会游览很多地方，包括旧金山。这次旅行确实让我疲倦，我想要对你说，虽然，我身体疲劳，心情却很愉快。我们住的这家旅馆非常漂亮，这里有花园和车道，这条车道竟然长达 12 英里，紧靠着海滩和岩石，两边都种植了青松翠柏，我骑在马上，奔跑向前。我骑的是一匹小马，这匹马个头虽小，却很漂亮，英武，它跑起来步伐稳健，非常有耐力，这点我很喜欢。我没想到的是，在这个地方，人们会把银饰镶嵌在马缰和笼头上，甚至连马鞍都是那么精致，我觉得有点多余。我们飞马疾驰在路上，跑了好几趟。

在路上，我对你妈妈说：从密西西比到太平洋，我所到之处，看到了一个特别的现象，很多女孩和成年妇女叉腿横跨在马背上面。我想，等到多年以后，你也成了老太太的时候，恐怕这种叉腿横跨式的骑马姿势肯定消失了，我真的希望这种姿势尽快消失，我不喜欢女人的这种骑马姿势，我现在记不清你是否喜欢这种女式马鞍。

这次，我能穿越新墨西哥，看到古老又陌生的沙漠文明，是一件很有趣的事情。第二天，我们开始在亚利桑那大峡谷游览，那条峡谷美丽又充满神奇，我很想在信里对你描述出来，可惜，我感觉难以下笔。但我想告诉你，这里非常有魅力，我希望能连续几天坐在这里，观赏峡谷的壮丽景色。

亚利桑那大峡谷有一条巨大的裂缝，宽有几英里，深度有一英里，到处是悬崖峭壁，怪石嶙峋，远看，就像雕刻家的雕塑，这些怪石，有的像城垛，有的像圆形剧场、塔楼和小尖塔，色彩绚烂，由红、黄、灰、绿，四种颜色交错在一起，给人带来瑰丽神奇的感觉。后来，我们一行人从沙漠经过，再穿越山脉，很快来到了南加利福尼亚的亚热带乡村，这里是果园，到处散发着诱人的香味，随处可见棕榈树和柑橘林，还有很多橄榄树。在这里，我还看到了美丽的鲜花漫山遍野地盛开着，五月的鲜花是最美的，站在这里远看，这个小乡村被鲜花和果实包围着，看起来充满了温馨和甜蜜。

3. 温驯的动物宝贝

加利福尼亚州，德尔蒙特，1903.5.10

幸运的克米特：

经过了一周的旅行，我的心情非常愉快。上个周日和这个周日，还有周三，我都在大峡谷做长途旅行，饱览了秀丽的乡村风光和亚利桑那大峡谷的风光，那些奇特美丽的景色，深深地印在我的脑海中。这次旅行，我不仅观赏了风景，还搜集了很多各种各样的东西，我有个打算，要把这些东西分给你们。顺便说一下，其中有一样东西你猜猜是什么？我来告诉你，那是一只非常可爱的小獾，它名叫约西亚，简称约西，怎么样？这个名字很不错吧，是我给它取的名字，它很机灵，我喜欢把它抱在怀里，用手轻轻地抚摸它。我希望这个小家伙长大后能够和人友好相处，希望它能够幸福长大。照料约西亚的人除了我还有杜拉尼，它喜欢喝牛奶吃马铃薯。

在哈佛大学，我见到了我的一位老同学。我特别高兴，我们回忆起很多大学时代的有趣事情，我刚上大学时，他已经是重量级拳击比赛的冠军了。我很想让你看到野鹿，我猜测你一定很有兴趣的。顺便告诉你，今天，我沿着海滩骑马的时候，你猜我看到了什么？我看到了海豹、鸬鹚、鸭子和海鸥，这些野生动物那么温驯，简直让我大吃一惊。通常情况下，只有动物园和马戏团的动物才能做到温驯听话，野生动物竟然也能这样做，我真的很喜欢这些小家伙们。如果以后你有机会看到这些动物们，一定也会把它们当成宝贝的。

4. 总统的宝贝蜥蜴

加利福尼亚州，德尔蒙特，1903.5.10

快乐的阿奇：

你和昆廷写给我的信我认为非常有意思，我很希望你能骑上"阿尔冈昆"，和我一起出去骑马，因为今天我们骑着马出去跑了一趟，每个人都很开心。

我和里克西医生骑的两匹马都很漂亮，马背上配上墨西哥人的马鞍，马头上戴上墨西哥人的笼头，用细皮革做成的缰绳，上面装饰着银环。

海滩和大路紧靠在一起，从苍松翠柏间穿过。海浪不停地拍打着礁石，发出哗哗的声音，此时，一只海豹出现在两块礁石之间，从前我在家乡的时候，从没见到过像海豹这样能在水中自由游动的动物，它能依靠自己的尾巴立起来，无数的泡沫不停翻滚着，它的半个身子露了出来，浪花拍打着它的鳍。海鸥围绕在我们所有人的身边，展翅飞翔，它们飞得很低，好像故意在与人类亲近。鸬鹚们一会儿在海里戏水，一会儿像人一样沿着海滩散步。海里的动物们是这样可爱，我多么希望你也能看到它们。

等我回去的时候，我要送给你很多的宝贝，你们一定会开心的。其中的一个宝贝是一条小蜥蜴，它的名字叫比尔，有人称它为角蛙，别看它个子小，却非常机灵，我把它养在一个小盒子里。别忘了，还有上封信里提到的小獾约西，它长得很漂亮，喜欢喝牛奶吃马铃薯。

今天，我带着小獾约西去沙滩上奔跑。直到现在，它才对我们表现出友好的态度，当它感到饥饿的时候，就会发出长长的尖叫声，每到它尖叫过后，黑人门房就对它说："快叫杜——拉——尼，杜——拉——尼"。你们知道黑人门房为什么要它这样叫吗？那是因为杜拉尼一直在照看它，对它的态度非常好，所以，黑人门房才逼着它叫杜拉尼的名字，不过，一只小动物无论如何是不会叫出人的名字，那个黑人门房只能瞪眼看着它着急了。

5. 恋家的总统

加利福尼亚州，德尔蒙特，1903.5.10

最亲爱的昆廷：

　　你给我写的信我非常喜欢，看着你的来信，我禁不住开始想家，想念你们几个孩子，想念你们的妈妈，不过，你们不用担心我的心情，这个礼拜的旅行，我心情愉快，过得非常开心。

　　还记得我在柑橘树林里漫步，看到每棵树上都长满了橘子，周围还有许多花，这么多的花，估计你从没有见过。我得到一只金陀螺，它非常精致，如果你妈妈觉得你能当好陀螺保管员的话，我就把它送给你，不过，这需要得到你妈妈的同意。也许，我应该送给你一只银铃而不是金陀螺。

　　每次当我散步的时候，看见别的爸爸妈妈领着小孩从我身边走过，我就会很自然地想起你和阿奇，那时候我就开始想家了。有时候，我看到一群小孩骑着小马排队走过来，我也仿佛看到了阿奇骑着"阿尔冈昆"，微笑着向我走来，我就特别想家。

【第六部分】

蚝湾假日

　　1903 年 8 月到 9 月，罗斯福带着家人回到了蚝湾。摆脱了繁重工作的总统，终于可以带着孩子和朋友放松一下了，他们划着小艇到野外露宿，罗斯福在野外亲自动手制作早餐，那种乐趣，是他在白宫不曾感受到的。在蚝湾的日子是安静的，罗斯福喜欢和孩子们一起玩游戏，他们在旧谷仓里玩耍，在草坪上不停地跳来跳去，此时，罗斯福会忘掉所有的烦恼，在和孩子们的快乐游戏中，他好似穿越时空，返老还童。当罗斯福的大儿子特德带着步枪准备开始他的旅行的时候，罗斯福作为他的父亲，在信中告诉特德很多野外生存和打猎的技巧，这让特德受益匪浅。当假期结束，罗斯福一家人重返白宫，他们永远不会忘记在蚝湾度过的美好假日。

1. 最受欢迎的小獾

白宫，1903.6.6

洛奇参议员：

　　我从西部旅行回到了白宫，当我带着小獾出现在孩子们面前的时候，孩子们发现了小獾约西亚，高兴地跑了过来，他们热烈地欢迎它，我们在一起快乐的玩耍，度过了充满温情的一天。

　　非常幸运的是：小獾约西亚没有发脾气，看来，它很适应这里的生活，它的脾气温和，孩子们很喜欢它，它成为孩子们的朋友了，我希望，孩子们能友善的对待它。看来，孩子们和小獾玩得很好，我完全不用担心，它已经成为最受孩子喜欢的宠物了。

2. 爱运动的孩子们

蚝湾，1903.8.6

致艾米丽·T. 卡罗小姐：

　　今天是个特别的日子，是伊迪丝的生日，孩子们在给她庆祝生日的时候，表现得相当有爱心。埃塞尔自己动手绣了一个小手帕，她是采用抽丝的方法绣好的，她把自己准备的礼物和其他孩子准备的礼物都拿到自己的房间里，拿出白纸仔细地包好，并且在包好的礼物上系好了丝带。

　　早餐的时候，绝大部分的礼物被拿到了楼下，放进她的盘子里。接

40

着，在吃午饭的时候，克米特和埃塞尔两人步伐整齐地走来，他们的手里端来了一个蛋糕，上面点燃了 42 支蜡烛，每支蜡烛上面都系着一张小纸片，孩子们是用这种方式来表明：蜡烛所代表的意思是动物，主要是指狗和马，包括"瑞瑙恩""布莱斯坦因""雅根卡""阿尔冈昆""见习水手""布莱尔""赫克托"、小猫"汤姆·克沃兹"，用特殊词汇给母鸡起的名字，比如"斑点男爵"和"凶猛"，最后还有小艇和伊迪丝送给克米特的那棵名叫"圣地亚哥"的石榴树，每支蜡烛上都系着各自的标签。

今年夏天，伊迪丝看上去很好，她又年轻又漂亮，她和我们一起出去骑了一段时间的马，她像从前一样喜欢"雅根卡"。我们特意带上了午餐和两本书，我们还一起去划船。孩子们崇拜伊迪丝，孩子们这样做是应该的，因为她非常爱这些孩子们，谁也无法代替她的爱。

孩子们个个可爱、优秀。特德长得跟我一样高了，你一定能想象得出，他是身强力壮的男子汉，他已经成为一名好骑手，他一直坚持参加体育锻炼，比如跑步、行走、游泳、射击、拳击和摔跤。克米特在运动方面很有天赋。

前几天，克米特与他的好朋友菲利普，两人结伴来了一次夜晚露营，克米特的表现让我自豪。那天夜晚，忽然下了一场暴风雨，面对袭来的暴风雨，两人不得不提早结束露营活动，开始后撤，两个小家伙在这次露营中展现出了良好的品格，比如：勇气、技能和判断力。他们在外面待了 12 个小时，直到早晨 9 点才回到家里。

阿奇整天专心于"阿尔冈昆"和尼古拉斯。特德现在的玩伴很多，主要有乔治和"杰克"，普林斯顿的亚历克·拉塞尔，还有"西尔夫"号上的哈姆纳少尉。他们在一起一般要进行摔跤、射击、游泳、打网球、划船。

幼儿园的集体生活没有改变昆廷的性格，他已经成为了一个性情温和、活跃又勇敢的阳光男孩。在这个地方，孩子们拥有了自己的快乐童年，这个地方对他们来说是最适合的地方。表兄弟姐妹住在一起，他们总会想出各种和我玩耍的方法，他们提出让我做他们的玩伴，这让我开始不安起来。

今天下午，天空飘起了雨，这时候，乔治、特德、洛林和埃塞尔、阿奇博尔德、尼古拉斯和昆廷，再加上亚历克·拉塞尔和哈姆纳少尉，他们都跑过来对我说，希望我和他们到旧谷仓里玩游戏，他们见我不答应，就苦苦地恳求我，我看着他们的样子，最后，我只能让步，答应了他们的要求。说实在话，在此后的两个小时里，有人看见一位总统在旧谷仓里和一群孩子疯狂地做游戏，我个人认为，如果被人看见，那一定会被人笑话。

旧谷仓里到处都是干草，我觉得非常适合玩捉迷藏之类的游戏。昆廷很喜欢玩这样的游戏，像其他人一样，这时候，他快活地从一个草垛跳到另一个草垛上，那个草垛的高度是 15 英尺，他照样能上能下。

上个礼拜，我带着克米特和阿奇，与菲利普、奥利弗和尼古拉斯一起，划着两艘小艇，在外面露营。他们玩得很高兴，像平时一样，每人的身上裹着自己的毯子睡觉。早晨，每个人都起得很早，他们像往常一样，都表现出了非凡的自信心：我的烹调手艺很棒，世界上任何厨师都无法与我相比。

早餐非常简单，首先，我做了炸牛排，然后，我把马铃薯放在营火上用熏肉油烤熟。很快，他们吃得津津有味，从他们的吃相上，我得出了一个结论：这表明，他们讲的话也不完全是对我的恭维，我做的早餐确实让他们吃得有滋有味。

3. 喜欢玩游戏的总统

蚝湾，1903. 8. 16

艾米丽·T. 卡罗小姐：

阿奇和尼克成了非常好的朋友，两个人谁也离不开谁。我非常希望你能看到两个孩子的纯真友谊。前几天，在一次野餐以后，阿奇和尼克走了过来，两人摆出一副一本正经的样子，他俩一只手抬着篮子，另一只手拿着一只海龟，那只海龟是被渔民捕获的，然后送给了他们，两人很喜欢这只海龟，他们没把海龟当成宠物，而是当成他们的好朋友。

谈起阿奇和昆廷，两人的性格很好，阿奇对人热诚，他心中藏着挚爱，在我眼里，他就像一只机灵的小鹅。昆廷，他是个快乐的孩子，像一个可爱的精灵，他成了孩子们中的一分子，和孩子们相处融洽，喜欢和其他孩子一起玩游戏，甚至他带着孩子们到旧谷仓里玩耍。

有一天，埃塞尔过生日，她指定了一个娱乐项目，在谷仓里，我和孩子们玩起了游戏，那天，我家里的所有孩子，还有哈姆纳少尉和鲍勃·弗格森和亚历克·拉塞尔都参加了。面对孩子们的盛情邀请，我没有拒绝他们，可是，我这个总统，已经过了玩游戏的年龄，身材很胖，竟然要在草垛上和一大群孩子跳跃，还要和孩子比赛，要赶在孩子之前到达目的地，在很多人眼里，这确实是件特别奇怪的事情。可不管怎样，我一直认为：陪孩子玩游戏，是一件很开心的事情。

最近，我们对野餐进行了一次革新，这要归功于尹迪丝。那一天，我们这些人，有的坐着马车，有的骑马，来到了简山，距离蚝湾大约有 8 英里远。简山的景色非常迷人，一座古老的农舍建在半英里外的地方，我们看到这座农舍，都很愉快，当时，我们把马拴在了那个农舍里。

我和伊迪丝陪着德国大使斯帕克走着，我们看上去都像安徒生笔下的小锡兵。斯帕克终于等到了他作为大使的官方公文，这次，他是与代理国务卿一块儿来蚝湾递交公文的，他的穿衣打扮引起很多人的注目，尤其是他的那身轻骑兵的行头。仪式结束后，我马上叫他换好衣服，他照做了，他和我在一起待了两天。在这两天的时间里，我们一起快乐地打网球、一起射击、一起骑马，他对我说：他非常喜欢怀俄明，在这段时间，他对孩子们也很友善，他是个善良的人。

前几天，在家里，孩子们举行了戏剧表演，在我看来孩子们的表演很业余，可他们的表演称得上是妙趣横生，化妆师的工作是由洛林和特德负责的。这场独特的演出在劳拉·罗斯福的网球场上举行。这些孩子们都很聪明，尤其是昆廷，他的表现最出色，他在剧中扮演爱神丘比特，他身穿粉红色紧身衣，那件紧身衣看上去很单薄。剧中的乔治·华盛顿和克利奥帕特拉由特德和洛林扮演，他们演得很轻松，也很逼真。戏剧表演快结束的时候，孩子们手拉着手，开心地跳起舞、唱起歌，特别令我感到高兴的是：最后一首歌曲是送给我的，我很开心。我爱这些孩子，和他们生活在一起是快乐的，他们一直把我当成他们的特殊的好朋友、他们的支持者、他们的好伙伴，我被他们感动了。

今天，由三个家庭的老老少少组成的参观团，来到了"卡尔萨基"号大战舰上参观，明天，舰队停泊在那里等待我的检阅。这一幕令人难忘，我想我的孩子们是不会轻易忘掉的。后来，孩子们都跟着讨厌的穆迪部长去海豚号上吃午饭。那些年轻人给特德留下了深刻的印象，他回来的时候告诉我，他说这些年轻人参加的茶会，简直就是"发情期的野兔"的茶会，他们的表现就像阿奇、尼古拉斯和奥利弗一样，他们的行为破坏了庄严的场合。

4. 旅行的意义

蚝湾，1903.8.25

亲爱的特德：

对于你，我总是有很多的想法。我感到高兴的是，你把我的步枪一直带在你的身边，你真是个淘气鬼，它还会给你带来哪些想法呢？你曾经对我说，你的想法就是：预测我在不远的将来，将不会再使用那支步枪。说句真心话，我不希望你在这次旅行中，经常从事大量的运动，你可以去打猎捕鱼。剧烈的运动会占用你很多的时间，我都会把它看成是小插曲；不过，我预感到，这次旅行，会让你懂得很多事情，这让你的旅行变得很有意义，让你学到很多野外生存的能力。比如在野外如何控制好自己的情绪，怎样管理好马匹和露营的装备，怎样与边境上的居民打交道。如果以后再有野营旅行的机会，你就会完全适应了。

我一直不赞成你妈妈骑"怀俄明"这匹马，我不想让她用单步栏跑的方式去骑马，这样，我担心你妈妈会骑马碰倒我，让我成为一名烈士，对于这种骑马的方式，你妈妈也非常憎恨。我和你妈妈经常一起出去骑马，面对漫漫的长路，我们保持着愉快的心情，她骑"雅根卡"，我骑"布莱斯坦因"，埃塞尔和克米特开始骑"怀俄明"了。

今天早晨，克米特与我们在一起骑马，他骑马的姿势很优美，等到我们骑马飞奔的时候，"怀俄明"以为是一场比赛，它开始狂奔起来，直到此时，克米特终于发现：怀俄明竟然是个不好控制的家伙。

礼拜天，我们肯定会去教堂祈祷，从教堂回来后，我们就会洗澡，洗完澡后，你妈妈和我划着小船来到劳埃德峡地，那个地方靠近你喜爱的露营地。在那里，我们享用了午餐，午餐后，我们读书读了两个小时，后来，我们站在山上，俯瞰美丽的海峡、海角和白色的沙滩。只见夕阳西下，落日的余晖充满魅力，我们玩得尽兴后划船而归。

最近一段时间，我很少打网球，自从你离开以后，我就不再玩了。今天，我竟然想起了打网球，我和温蒂·钱德勒比赛，结果，两局比赛他都赢了，但是，我也赢了一局。接下来，亚历克·拉塞尔赢了我，那是一个平分局，我们的比分是 10 比 8。

这天，年龄小的孩子们举行了属于他们的竞标赛，比赛结果是这样的：尼克赢了阿奇一个平分局，奥利弗和埃塞尔赢了克米特和菲利普两局，这让我大吃一惊。这次比赛，我担任了裁判，比赛结束后给他们颁发了奖品，你猜猜奖品是什么，是铅笔刀。

5. 蚝湾的夏季

蚝湾，1903. 9. 23

快乐的克米特：

自从你和特德走后，没有了你们的身影，家里总感觉有点冷清，虽然我不能说家是个安静的地方，家让我没有感到孤单的原因，那是因为阿奇和昆廷还在我身边陪伴着我。

早晨，阿奇带着他的好友尼克回来了，他光着脚丫，没戴帽子，穿着一件褪了颜色的蓝罩衫，这件衣服他经常穿，衣服上有很多的洞，只好打上补丁。我看到他这副模样，感觉很好笑。阿奇却不以为然，我也对他没有任何办法。

整个早晨，你的弟弟昆廷都是在运动和娱乐中度过的，他与情报机关的人员在一起。我和你妈妈已经与"艾伦"建立了亲密的关系。

昨天，埃塞尔和洛林一起去外面骑马，她骑着"怀俄明"，你知道吗？

"怀俄明"正在努力成为一匹非常好的家养马。

　　今天早晨，格兰特·拉法格和欧文·威斯特要来蚝湾过夜了，我非常盼望他们的到来，你妈妈为了接待客人，忙碌了好长时间，我和埃塞尔希望你妈妈用专业的眼光看待我们两个人，心里却希望她把我们像樟脑丸一样和床单包在一块儿。

　　信就写到这里吧，这个蚝湾的夏末非常热闹，再见，快乐的小家伙，希望你过得愉快。

▌第七部分▐

孩子们的朋友和导师

　　作为总统，罗斯福是称职的；作为父亲，罗斯福也是成功的。他成功的秘密就是：他既是孩子们的朋友，也是孩子们的导师。从 1903 年 10 月 2 日到 11 月 19 日，罗斯福给孩子们写了 10 封信，都是写给特德和克米特的，在这些信中，他成了孩子们的导师，作为父亲，当孩子们在生活和学习方面遇到问题的时候，他没有直接地去说教，而是给孩子们提出合理的建议，用朋友的口气来和孩子交流，这样的做法，更容易让孩子们接受他的观点。当大儿子特德对踢球非常痴迷的时候，罗斯福告诫他：如果他被压断了骨头，从今以后，他就别想再踢球了。面对骨折的危险，特德最终作出了理智的选择：离开校队，认真读书。在孩子们心中，罗斯福是最好的父亲，他是孩子们的好玩伴、好朋友，也是孩子们的好导师。

1. 昆廷的兔子

白宫，1903. 10. 2

W. S. 考尔斯夫人：

我亲爱的妹妹，在这个秋天写信给你，希望你能过得愉快，请你告诉谢菲尔德，昆廷现在正忙着上公立学校的事情。对于上学这个严肃的问题，他始终保留着自己的看法，直到现在，他都保持着一种有尊严的姿态。刚才，昆廷在我面前出现了，他领着两只白兔，是昨天吃午饭的时候，我们从外面带回来的，他对我说，那两只兔子是"长着粉色眼睛的兔子很珍贵。"

2. 善于说教的总统

白宫，1903. 10. 2

亲爱的克米特：

读你写给我的信，是我最开心的事情。知道你开始喜欢玩橄榄球，这让我感到很兴奋。不过，当我看到你和特德将自己所有的精力都用在体育运动上，我感到难以接受，我并不希望你和特德在体育方面有出色的表现，如果你能考上大学的话。我一直认为，体育运动会浪费时间。但是，我很希望你能成为一名真正的男子汉，拥有男子汉所有的优秀品格和气概，始终能够坚持参加运动，即使那项运动非常艰苦。其实，我非常希望，我的任何一个儿子，你们在学业上的成绩要比你们的体育成绩更好一些，同时，我也希望你们将来成为品格高尚的人，而不仅仅是在智力或者身体力量方面，展示出男人的阳刚气质。我始终坚信，你和特德都会成为一个有品格的男人。

好了！你看到我写给你的这封信，肯定会很心烦，你会认为这是一封让你厌烦的说教信！我想，你肯定会抱怨，我是一位善于说教的总统，当然，我现在喜欢说教是不由自主的，原因是我没有自由，整天淹没在工作中。我喜欢当美国总统，喜欢自己的工作，更喜欢将自己的手放在杠杆上，这种工作让我有成就感和自豪感。但是，这个工作让我感到麻烦和困惑，我要有很强大的心理承受力，才能承受得住反对派对我的攻击和曲解。我会抽出时间阅读亚伯拉罕·林肯的传记和书信，看到林肯的事迹对我来说是精神上最好的慰藉。给我留下深刻印象的，是他的聪明才智和神奇的力量，是他那超出常人的无穷无尽的耐性以及他坚定的信念。

3. 摆正运动的位置

白宫，1903.10.4

亲爱的特德：

尽管你给我的来信在信封上注明"急！急！"，这样的字眼在我看来，我却并不着急，我决定：在我与你妈妈商量好、并且把问题思考清楚之前，我不会给你回信的，这点我要让你知道。我想对你说，我一直在问自己一个问题：我对你的教育是否是正确的，这个问题确实让我很担心。假如我的做法不正确，你一定会很失望，我给你一个建议，希望你在今年同意离开橄榄球队第二队的决定。

你选择了参加学校的橄榄球队，我很自豪，因为你有勇气来选择橄榄球运动，我个人很喜欢橄榄球，但我总是玩不好橄榄球。我在性格方面的特点和克米特很相似，跟你的性格完全不同。但是，我想告诉你，橄榄球是一项有益的游戏，同样，它也是一项粗野的游戏，如果你太迷恋玩橄榄球的话，总有一天，这项运动会让你躺在床上不能走动。

好了，如果你坚持打橄榄球，想把它当成一项事业去奋斗，那么，我估计你会卧床休息一个季节。比如，效力于格罗顿校队或者效力于哈佛的本年级队，你要有一定的实力才能进入大学橄榄球队。但是，当你还是一个四年级学生而不是五年级学生的时候，只是为了参加橄榄球第二队的比赛，就冒着卧床不起的风险，你觉得值得吗？我是觉得毫无把握。你想一想，你付出的风险与你得到的回报相称吗？

不管如何，我把你的情况对校长说过，你对橄榄球过分的热爱，所以你会损害自己的身体，你这样做，比你不能参加比赛而导致痛苦难过的可能性更大。请你理解我，如果你不再热衷于橄榄球运动，我就不会整天为你担心，尽管这样你会觉得非常委屈，而且你会觉得心里不好受，但也正是因为这样，学会忍受委屈对你来说是正确的。不过，对我来说，没有任何把握的事情，也就只能相信你了。但不管如何，任何时候，只要训练一结束，你就不要在第二队里继续待下去，你为什么不选择离开呢，而且是离开后，不会有牢骚。

让你玩橄榄球我很高兴，我是赞成男子汉进行一些显示男人个性和气质的运动。但是，如果这些运动变成你人生中的唯一的发展方向的话，我就会坚决反对。我不希望你浪费掉宝贵的学习时间而过分地去爱好任何竞技运动。有些话我用不着去提醒你，在生活中，你要想取得成功，更多的是要依靠品格去争取成功，而不是依靠身体和智力去争取。

在我看来，如果把你在体育运动方面的擅长比喻成仆人的话，那它就是个好仆人，就像很多很多的好仆人那样，但你却不是一个优秀的主人。你是否读过普林尼写给图拉真的信？普林尼曾在信中提到，让希腊人把所有的精力和时间都用在体育运动上面是聪明的举动，因为如果这样做了，他们所有的精力都会用在体育运动上，而不会把精力用在严肃的事业上，这样，他们就不会对罗马人构成威胁。

我毫不怀疑，在布尔战争中，英国军官的效率之所以下降，就是因为忘记了自己真正的职责，他们对体育运动的热爱，甚至到了过分的程度。作为一个人，在体育技能方面施展自己的才华是应该的，但是，当达到了一定的水平之后，你就会明白未来会有更好的机会在等待着你。

我想起当年，在我们莽骑兵团里，比我优秀的人几乎达到了百分之九十，在射击方面，有三分之二的人比我还优秀，而且在我看来，他们各个都肯吃苦，这种精神值得我学习。但是，经过很短的时间以后，他们就认识到一个问题，我也认识到了，我成为他们的指挥官，能够很好地指挥他们作战。

你玩拳击我也很高兴，甚至你骑马、射击、划船、散步以及你做其他的事情，我都很喜欢。相反的是，如果你在体育运动方面没有任何兴趣，我一定会感到难过。但是，你永远也不要有这样的一种心态：认为你做这些事情必须投入你全部的精力甚至投入你的主要精力，甚至把体育运动当成你人生的主要目标。

过几天，在格罗顿的颁奖日我会发表演说，我认为，在我还是总统，而你和克米特还在格罗顿读书的时候，我应该去你们的学校看看你们，校长邀请我去演讲，我很高兴地答应了他的要求。

还要告诉你一件事情，我费了很多工夫让我的那匹名叫"瑞瑙恩"的马有了一个习惯，习惯和汽车一起在路上奔跑。从前，它在路上奔跑，遇到汽车的时候，它吓坏了，以至于我无法驾驭它，每次我和你妈妈一起去公路上骑马的时候，我都要全神贯注地看着来往的汽车。当然，如果是我独自一人外出骑马或者与其他的男人一起骑马，我就不会太担心，但是，只要和你妈妈一起骑马外出，我就会非常担心。

昨天，我在塞维·蔡斯的时候，想要让一匹名叫"布莱斯坦因"的马儿越过障碍物。可是，当它面对新架设的又高又笨的障碍物时，这个老家伙就是不肯跳高6英寸，它钻过了障碍，就是在偷懒。我指挥它，让它重新站在障碍物面前，这次，它飞身跃过障碍物，与以前完全不同。

我现在每天都很忙碌，还要面对那些没有尽头的烦恼和挫折，我告诫自己，始终要牢记：做一个像亚伯拉罕·林肯那样的人，把追求正确的方向，当成我人生的信仰，而且要做一个没有任何怨言、富有耐心的人，用心平气和的态度去应付那些不同素质不同信仰的人。不仅要心平气和地对待恶棍和无赖，即使是那些好心人和看起来愚蠢的人，或是受过教育或者是没有教养的人，都要心平气和地去对待他们。在这个国家，恶棍无赖充分利用了他们的愚昧无知来对我进行攻击，但是，我们要用知识武装头脑，不能给恶棍无赖们任何的机会。

4. 关于冒险

白宫，1903.10.11

亲爱的特德：

我收到了三封信，这些信是校长、伍兹先生和比林斯先生写来的，他们全都认为你应该继续留在第三队踢球。伍兹先生在信中说，你对留在第三队踢球非常满意。这是我对你说的第一件事情，因为我一直相信，我在踢球这件事情上替你做出的选择是对的。如果你现在痴迷于踢球，就会被那些野蛮的队友们压断骨头，从今以后你再也不能踢球了。

我想我曾经写信对你说过这件事，如果你是为了一个重要的目标，我赞成你去拼搏，我不会反对你继续冒险，比如，你在格罗顿校队踢球或者等到你到哈佛大学上学的时候在本年级队继续踢球。我认为，仅仅因为在第二队，不是在第三队踢球，就冒着压伤的危险去运动，这是笨蛋的做法。

我是时时刻刻为你着想。从前，我年轻的时候，我骑马狂奔，我的身体是敏捷的，而且非常强壮，哪一天我不小心摔伤了手臂或者肋骨，这些事情都曾发生在我身上，但是，都不会给我带来损害和流言。如今，我的身体不再像年轻时候那么灵活，身体有些僵硬，任何的意外事故都会给我带来伤害，那么，我就不会轻易冒险，我认为这样冒险是没有任何意义的。

从另外一个角度来说，如果哪一天要走上战场，我带领着一支劲旅，就像我回到圣地亚哥，在阵地上，我率领着我的莽骑兵团那样，如果是这样，我就会为了荣誉与和平冒险，那是必需的，那样做是值得的。总之，我会在冒险的时候，慎重地去选择，我只会去做有意义的冒险，没有意义的冒险我是从来不会做的。

5. 真正的艺术家

白宫，1903.10.12

我亲爱的哈里斯：

我的小女儿收到您给她寄来的一份亲笔签名的礼物，此时，我感到，我当这个总统是值得的。在我比我女儿还小的时候，我的那位住在乔治亚州，名字叫安妮·布洛克的姨妈，她总是喜欢给我讲您写的兔兄弟的故事，我最喜欢听"兔兄弟和水手宝贝"的故事。虽然我非常喜欢兔兄弟的故事，但我觉得我更喜欢您写的其他作品。在美国所有作家创作的文学作品中，我认为没有任何作品能比得上《自由的乔》，这是一个悲伤的故事，却带给人真诚的感觉。

此外，我个人认为，您的全部作品能起到凝聚的力量，让美国人民非常紧密地团结在一起。我明白一个道理，判断一个艺术家的水平应该从他的艺术方面去分析，这是一个大家都明白的道理。但是我喜欢做一个俗人，我个人一直认为，艺术应该为人民服务，每个艺术家应该有个良好的目标。您的文学作品不仅给国家增添了光彩，而且也让对立的双方化敌为友，这就是艺术的力量。

6. 爱骑马和爱打闹的总统

白宫，1903. 10. 19

亲爱的克米特：

我得知你成为你们学校球队的队长，心里非常高兴，我更希望你能在足球队的第三队担任队长的职务，而不是在第二队踢球。

昨天下午，我带着埃塞尔还有你妈妈，我们三人骑上马，来了一次远足，我骑着"瑞瑙恩"，埃塞尔骑的是"怀俄明"，你妈妈骑着"雅根卡"。在这次远足中却发生了意外事件，我们在街上骑马，遇到了一辆红色的汽车开了过来，"瑞瑙恩"失去了前进的勇气，但是，它的表现是最棒的。那天，它确实表现很出色，它愣了一会儿，便勇敢地从汽车旁边走了过去，在它的眼中，汽车是个非常可怕的庞然大物，为了表扬它的勇气，我骑在马上弯腰奖赏给它一块糖，我的这位老朋友赶快把头转过来，张开嘴，把这块糖含在嘴里。

十月的乡村景色真是太美了，所有的树木都染上了秋天的颜色，看上去是那么的漂亮。这里的乡村虽然很美，却没有红色的枫树，只有两种植物，一种是弗吉尼亚藤蔓，另一种是山茱萸，它们看上去是红色的，山胡桃、郁金香和山毛榉这三种植物，它们的颜色是黄的，有的时候却是橙黄色的。在秋天的乡村中纵马飞奔，那是种无与伦比的享受，当我骑马奔驰的时候，眼前是一片又一片的红色和黄色，像是走进了美丽的童话世界。

当我们骑马回来，回到家的时候，第一个冲上楼的是你妈妈，她看见了阿奇和昆廷，他俩每人怀里抱着几个枕头，在屋内埋伏起来，他们都悄声说话，生怕会被我听到。当我迈步走上楼梯的时候，他们忽然尖声叫起来，声音很大，而且他们还哈哈大笑起来，向我发起了攻击，他们拿着枕头朝我扔过来，那些枕头在屋内飞来飞去，枕头大战开始了。

当我们玩累了的时候，我们就去洗澡，洗完澡，我们安静下来，开始读书，这时候，我给他们读《雷默斯叔叔》，一般情况下是你妈妈读书，我们静静地听。有时候，我认为你妈妈确实很累需要休息的时候，我就拿过书来亲自读给他们听。

7. 把学习放在第一位

白宫，1903.10.24

亲爱的特德：

看到你在班级里有很高的威望，我真的为你感到高兴和自豪，我相信，如果你仍然在橄榄球队占有一定位置的话，你的威望会更高的。明年，你在学校橄榄球队的位置肯定是端点，你不会打后卫或者中后卫，因为你没有足够的重量在球队里占有这两个位置，你根本无法把对方的大个子队员打败。

我想再对你重复一遍，你在班级里的威望很高，这点将会带给我很多的快乐。我为你取得这么大的成功感到高兴，同时，也为你拥有健壮的身体而高兴，但同时，我也担心自己，不能非常充分地在信中强调这个事实：培养身体的力量固然重要，但是，绝对不要把它摆在很高的位置上，甚至超过学习和工作。另外，我要遗憾地对你说，现在，我的身体不像以前那样健康了，我的力量不如你。最近这三年来，我患上了风湿病，也有人管它叫痛风，我的身体开始变得越来越不灵活了，就像一位上了年纪的老人。

我要告诉你很多关于"瑞璐恩"的事情，现在，只要它站在汽车的旁边，它的表现令我吃惊，那真是太好了。我想，那主要是因为我要采取什么手段去控制它。其实，它的性格温顺和善，是一匹性格温和的好马，但它有缺点，胆子太小，而且还有些羞怯，脑子也不聪明，当它惊慌失措的时候，它无法控制它自己的力量。所以，如果你想用各种方式去控制它，强迫它，那它就会成为一匹不听话的马。

如果有耐心，最好的办法是给它更多的时间，尽最大努力，采用温和的办法培养它，让它慢慢地靠近使它感到不安的目标。我是这样训练它的，它表现很好的时候，我就奖赏给它一块糖，我这样做了，当我伸手的时候，它就一定会着急地把头转过来看着我。那匹名叫"布莱斯坦因"的马，我已经很久没骑它了，因为我个人觉得它的一只前脚总是站立不稳，我应该给它提供更多的休息时间。我和你妈妈一块去骑马一次，这次骑马，是你能想象得到的最让人快乐的一次旅行。

8. 初次落马的男孩

白宫，1903.10.24

亲爱的克米特：

昨天，我感觉很不舒服，那种感觉像是患上了"古巴热"，这是我当年在圣地亚哥作战期间得过的病，是我在战争期间唯一一次不快乐的记忆。因此，我没有外出，也没有骑马，我只能待在家里，躺在沙发上度过了一个不开心的下午，壁炉里炉火很旺，你妈妈坐在摇椅里，紧靠在我身边，慢慢地织毛衣。

此时，我开始高兴起来，幸亏我没有置身在某个荒野中的某个潮湿荒凉的地方，在那里，我还要边作战边打猎，即使天空下着雨，我也要咬紧牙关在雨中步行或者在雨中骑马，到了夜晚，我只能在灌木丛下面睡觉。

我都不知道"艾伦"是什么时候从教练员那里出来的。更让我大吃一惊的是，赢得了最高评价的是"罗纳德"，它是一只很漂亮的狗。邮递员平克尼非常喜欢它，它老老实实地坐在邮递马车里面，就好比那辆马车，是它生下来就可以享有的东西。

昆廷正在努力学骑矮种马，他想成为家里最小的骑手，遗憾的是，他第一次学习骑马就不顺利，他摔倒在地，对此，昆廷爬起来像是什么事情都没发生一样，回家以后，他对自己的表现进行了评论，其中有这样一句话："一点也比不上我在打闹中，使用沙发垫子打他更疼痛。"我想，用不了多久，昆廷就能够轻松地驾驭这匹马儿了。

在里克西农场，你妈妈领着三个孩子来到这里，她在农场里待了一个下午。孩子们离开后，我开始给国会准备咨文，我工作很刻苦，因此，今天下午和明天晚上，我都不会随便外出，也不想见到任何一个面孔。

这件工作确实令人迷惑，但我仍然要坚持把它干完。当灰尘都清扫干净，我会抽空检查一下。很快，你妈妈把屋里都收拾好了，我看了看四周的环境，觉得自己很伟大，终于把你妈妈布置的活干完了。

我想你在班级里生活得应该还不错，你做的每件事情都是必须经过深思熟虑的。我觉得你是个值得信任的人，完全可以去你们的球队申请当队长，你可以像在你的班级里那样做，一定会拥有很高的威望的。

9. 总统的乡愁

白宫，1903.11.4

亲爱的特德：

格罗顿是最棒的，请为它欢呼喝彩吧！

最近，我被乡愁困扰，挥之不去，总是生出思乡之情，于是，我决定找个时间回家乡看看。在选举日到来的时候，我终于回到了位于酋长山的家，来到家乡，立刻被那里美丽的景色给迷住了，我要自豪地对你说：我的家乡是最迷人的。在我原来的住处，我看到了日本枫树，它们高大挺拔，枝繁叶茂，那些深红色的叶子远远看去，仿佛是给大自然披上了红色的披风。当我看到旧谷仓的时候，我有点遗憾，因为它的一端正在塌陷。

我又看到了"瑞瑙恩"和"布莱斯坦因"这两匹马，我先说说"瑞瑙恩"，它仍然站在汽车旁边，但是表现却很棒，其实，它站在任何东西的旁边，都会表现出"绅士"的样子。但是，如果刮起大风，它的性格立刻就会发生变化，它的情绪就会激动，大声嘶鸣。再说说"布莱斯坦因"。它的前腿有点站立不稳，可它的精神状态还是不错的，它就像一个旅行者，总是渴望着去远方旅行。等你放假回来过圣诞节的时候，你要回来看看这两匹马，顺便考验一下它们俩。如果你想去打狐狸的话，我不会推荐你骑"瑞瑙恩"，我会推荐你骑"布莱斯坦因"，我认为"布莱斯坦因"更适合骑着出去打猎。

顺便告诉你，你的姐姐既漂亮又善良，现在，她正享受着属于她的美好时光。

最近有一场滑稽可笑的恶作剧，那是印第安人和哈佛的比赛，这是一场看上去很成功的登高比赛，不过，在下半场，哈佛队表现得很好，虽然他们在上半场表现很差，这样，就为他们赢得了这次比赛的胜利。但是我仍然不看好哈佛队，因为我觉得在今年的比赛中，他们不会有机会战胜耶鲁队，那可是一支强队。

10. 为胜利欢呼

白宫，1903.11.4

亲爱的克米特：

今天晚上，就在我为巴拿马地峡沸腾了的事情正在给国会口授一份文件的时候，一位传达员送来了电报，这份电报是你和特德发来的。我立刻停下工作，冲进了隔壁的房间，你妈妈和妹妹就待在那里，我把电报大声地读给他们听，当我读到"好哇！好哇！好哇！"这些感叹词的时候，我们都兴奋地欢呼起来。祝贺你们的橄榄球队取得胜利，这真是了不起的胜利，我真希望能亲自去观看这场比赛，可惜，我整天忙于公务，没有时间去看你们的比赛。

11. 代理妈妈

白宫，1903.11.15

亲爱的克米特：

我从来没有告诉过你一个秘密，我在选举日那天看到了什么？你猜我看到了什么？我看到了三只可爱的小狗："赫克托""布莱尔"和"水手男孩"。你一定很想知道他们的情况，现在我就告诉你，它们的身体很健康，整日在海员之家的门口躺着，显然，海员之家的工作人员已经收养了它们。"布莱特"和"水手男孩"对人类非常有感情；"赫克托"性格温和，但它对人类缺少感情，不管人类对它如何好，它对人都是麻木的。

我成为代理妈妈已经有9天了，你妈妈离开家也有9天了，每次你妈妈不在家的时候，我都要成为代理妈妈，负责照看阿奇和昆廷这两个小淘气，他们两个做任何事情都是机灵鬼。每到夜晚，我都要花费三刻钟的时间读书给他们听。刚开始的时候，我给他们读的第一本书是阿尔冈昆印第安人故事，以及司各特和麦考利的诗歌。

记得有一次，我给他们读的书是《吉姆·布鲁索》，他们被故事吸引住了，昆廷竟然问了我100个问题，其中有一个问题是这样的：那个黑人男孩真的没有发现自己坐在烫人的安全阀上吗？每天晚上，我会给他们读《圣经》，读的是关于扫罗、大卫和约拿单的故事。扫罗是以色列的国王，他打败了入侵的外敌，勇敢地保卫了以色列，后来，以色列的王位继承人是大卫。约拿单，他是扫罗的第一个儿子，他是大卫最好的朋友。他们竟然对这些故事很有兴趣，我看到他们很有兴趣，就给他们读一个章节或者几个章节，然后，在睡觉之前，我们每个人都开始祷告，把自己学会的赞美诗重读一遍。昆廷在重读赞美诗的时候，它总是会做出一本正经的样子，接着就是前后乱跳。不管如何，最后，我们每个人都能背熟一首赞美诗，于是，我就按照你妈妈对我的指示，拿出一个5分硬币送给他们。

昨天，也就是礼拜六，我领着阿奇和昆廷、埃塞尔和加菲尔德家的三个年长的孩子，大家一起去岩溪公园游玩，在那里，我们爬山爬了很长时间，我们每个人都特别开心。阿奇和昆廷最高兴，他们又可以在公园尽情奔跑了。

12. 昆廷的生日派对

白宫，1903.11.19

亲爱的克米特：

　　当我得知你被选举为第七队的队长的时候，我心里非常高兴，我从没预料到你会成为队长，我开始怀疑，这个月，你的学习成绩是否会落后。如果这个月你的学习成绩落后了，那么，下个月就没办法补上去了，告诉你，亲爱的孩子，你要在班级里保持中上游的水平。你还记得你曾给我讲过格拉海德骑士们的故事吗？我对这个故事特别感兴趣，我想等你回来的时候，我想和你谈谈关于他们的事情。

　　告诉你个好消息：你妈妈和你的艾米丽姨妈一起回来了，你的姨妈艾米丽的气色很不错，有你姨妈在这里真是好极了。你妈妈回来后，我们的家顿时就有了家的气氛和感觉，如果你妈妈不在，这个家就像一个临时的住处。

　　利奥，它还像以前那样聪明。昨天，平克尼去看了"艾伦"，他说他发现艾伦"像热锅上的蚂蚁一样忙碌"，驯马师的房间曾经被它占据，现在回到这里，它开始有点不适应，我希望它能很快适应这里的生活。

　　今天是个重要的日子，是昆廷的生日，他六周岁了，不过，他感冒了，身体不舒服，他的六岁生日是在保育院里度过的，他躺在床上，看到插着六支蜡烛的生日蛋糕出现在他面前，他开心极了。他还享用了生日冰淇淋，此时，他忘记了身体上的不适，完全沉浸在生日派对的欢乐气氛中。来参加昆廷六岁生日派对的客人有：阿奇、你们的妈妈、艾米丽姨妈、埃塞尔、还有我、玛米和乔吉特，我们看着昆廷这么快乐，都替他高兴。

【第八部分】

白宫里的那些时光

　　罗斯福42岁成为总统，他在白宫里度过了很多不平静的日夜。作为一位有着独特个性的总统，他向往自由，他最厌烦的事情就是在外出的时候，被大批的警察包围着。罗斯福在写给儿子克米特的信中，把警察的这种保护称为拙劣的保护者。在白宫的那些日子，罗斯福总会忙里偷闲，带着夫人去公园骑马，有时候，他还会带着孩子们去剧院看魔术表演；在盛开着玉兰花的白宫花园里散步，一边看喷泉流水，一边欣赏绿树婆娑，他曾在给大儿子特德的信中，表达了他对白宫的爱。在白宫里的那些时光，罗斯福是忙碌的，同时，他的生活也是丰富多彩的，在这个安静、简朴的环境中，他时而沉思，时而遐想，时而漫步，时而开怀大笑。

1. 总统的保护者

白宫，1903. 11. 28

亲爱的克米特：

告诉你一件悲伤的事情，我去参加了格雷西叔叔的葬礼。让我感到欣慰的是，他所有的老朋友们都来为他送行，更重要的是，他曾经效力的那些机构的负责人都来了。还有的人是来自报童之家和整形外科诊所等机构，都是他生前的老伙计和老雇员。说起他的品格，他的品格很高尚，有一颗善良的心，他对人仁慈，生前做过很多善事，没有一个人在做善事的时候能够超过他的。

我无法清楚地计算出他一共做过多少善事。在我担任州长和总统期间，你妈妈是个细心的人，她把他做过的善事都牢牢地记了下来。如今我终于发现，叔叔非常欣赏你的妈妈，你妈妈也经常想起这位叔叔在不同的场合来看望我们的往事。其实，这给我上了一堂生动的教育课，因为我自己从没想到过要做这些事情。我想，假如一个人没有在活着的时候做他应该做的事，而是对自己说，因为太忙忘记了，因为粗心忘记了，我想说，这也只是一种借口罢了，这种借口是一种自我安慰。

我去参加葬礼的时候，我非常生气，原因是警察机关为了保护我的安全，在街道周围布置了500名警察，那种阵势，就好像我要遭到歹徒的袭击和刺杀，像是危险马上就要发生。虽然教堂里面也站满了警察，可还是有一个怪人混了进来，是一位上了年纪的老人，但是他并不是坏人，他走到我面前，递给我一封请愿书，那是一封非常愚蠢的请愿书，请愿书上写着的内容是关于给德国皇帝治疗癌症的事情。

我想：警察们的工作不仅仅要防止刺客的暗杀和暴徒的袭击，更重要的是要监视那些行为古怪的人，我认为，正确的安排应该是这样的：教堂外面布置50名警察，教堂内部安排三名优秀的侦探，这样安排就很好。那时，我觉得自己就好比是一个被一群毫无经验的警察保护着的傻瓜。后来，当我发现警察们对那些靠近我的怪人拿不出任何办法的时候，我开始感到又好气又可笑。

我在信封里装了两首原创的诗歌，那是尼克和阿奇写的，没事的时候拿出来看看。我给他们创作的诗歌提出了一点不太成熟的建议，这个建议让你妈妈看了感到很幼稚，那段时间我在你妈妈那里失宠了。尼克与阿奇很喜欢待在一起，他们又在一起待了三天，我曾经给他们一个建议：在黑夜有风的夜晚去白宫做一次探索，他们真的那样做了，两人把白床单披在身上，他们光着脚丫，看起来像两个小水手。

千万别忘记一件事情：等你把阿奇和尼克写的两首诗歌看完，一定要给我寄回来，因为，我特别喜欢这两个孩子写的带有童真趣味的诗歌。

2. 扭伤了脚的特德

白宫，1903. 11. 28

亲爱的特德：

你现在主要的任务是想尽一切办法养好自己的脚伤。我想，你一定不希望在明年秋天的时候，你的脚不能走路了吧。到那时，韦布会很轻松地打败你。我如果是你，我肯定会在脚脖子绑上石膏，安心休息，最少三个礼拜，这样做，才能养好伤。在治疗脚伤的方面，你应该听取医生的建议，如果医生让你绑很久的石膏你就要照做，绝对不能不听医生的话。不管怎样，我都会向医生请教，即使穿戴也要听从医生的建议。

我现在已经到了一定的年纪，你已经长大了，我想让你拿出足够的时间，安静地去阅读一部美国革命史。如果你有兴趣阅读美国革命史的话，我会把我自己珍藏的那本书送给你，那是英国著名的历史学家和政治家乔治·特里威廉爵士写的书。

虽然这本书是英国人写的著作，但是我一直认为，它是我目前为止读过的最好的记述，假如我把这部书送给你，你一定要保证会加倍小心地珍藏它，因为这本书是他签名后亲自送给我的。

那只名叫"邦德"的鹦鹉丢失了，后来，你妈妈找到了它。在我和你妈妈的眼里，它是一只非常出色的鹦鹉，对人很友好，它是一个演讲家，也是一个喜欢说话的鹦鹉。我对你妈妈说过，这只鹦鹉用四个字来形容它，那就是——非同凡响。

3. 圣诞节快乐

白宫，1903.12.26

亲爱的妹妹：

昨天是圣诞节，我们一家人在白宫里度过了一个非常快乐的圣诞节。我仿佛回到了三四十年以前，那时候，我们住在第 20 大街和第 57 大街，我们是在父母的监护下度过的圣诞节。

当时钟指向七点的时候，孩子们冲进了我的房间，他们以极快的速度打开了那些挂在壁炉上的大袜子，袜子里面塞满了东西，那是圣诞礼物。这时候，克米特心爱的小猎犬和小狗"艾伦"都跑了进来，它们跳到了床的中间，孩子们更加开心了，屋内回荡着他们的笑声。

此时，不论是艾丽丝还是昆廷，每个孩子把所有的注意力都放在长袜上。伊迪丝总是想方设法弄到一些让她吃惊的长袜玩具。在这个寻找礼物的时刻，鲍勃和艾米丽姨妈站在一边看着他们，作为成年人和长辈，他们看着孩子们拆礼物的快乐样子，他们的心情很好，都开心地笑起来。

吃过早饭后，我们所有人排队走进藏书室，在那里，我已经把那些大玩具摆在孩子们各自的桌子上。你想想看，当你的年龄是 6 岁到 14 岁，当藏书室的大门慢慢打开，你跑了进去，发现送给你的所有礼物都整齐地放在你专用的桌子上，仿佛你是爱丽丝，走进了奇境一样。我特别想知道的是，人的一生中能有什么时刻能比此时更快乐、更让人想狂欢呢？

4. 喜欢魔术的总统

白宫，1904. 1. 18

亲爱的克米特：

天气越来越冷了，礼拜四和礼拜五，天空飘起了雪花，雪花落到地面上，像是给大地盖上了一床厚厚的被子。这两天，我和你妈妈来到岩溪公园骑了两次马，我们过得很愉快。马匹洗了澡，被认真仔细地修剪过，看上去非常干净，我们坐在马背上，让马儿快速奔跑，安静的乡村，却总是带来震撼人心的美丽。

今天，我们吃完午饭后，你妈妈带着埃塞尔、阿奇和昆廷，他们还带了自己的朋友，大家一起去看凯勒的表演，这是一场杂耍戏法表演，每个看过的人都觉得很奇妙。我那天不忙，就和他们一起去看表演，就像一个孩子那样对杂耍表演充满期待，但我必须在表演进行到一半的时候返回办公室继续我的总统工作。

当天，表演开始的时候，魔术师要表演戏法，他请在场的女士把戒指拿出来给他变戏法，埃塞尔听从了魔术师的建议，把戒指交给了魔术师。她的戒指与其他五个女孩的戒指混合在一起，后来，在我们看来，这 6 只戒指看起来好像被故意捣碎了一样，被魔术师装进了一把手枪里，朝着一堆盒子射击，很快，那5个女孩在盒子里找到了属于她们的戒指，5只戒指套着的是5朵玫瑰花。可惜，埃塞尔却无法找到自己的戒指，难道她的戒指消失了吗？此时，魔术师对我们说，戒指消失了，他让我们相信这是事实。

但是，魔术师在表演下一个戏法，当戏法结束的时候，有一只与众不同的瓶子突然出现在观众的面前，魔术师走过去，拿起瓶子，从里面倒出很多的不同的液体，此时，舞台上出现了一只惹人喜爱的白豚鼠，它趴在那儿不停地蠕动，不停地踢脚，看上去好像杜威将军，在它的脖子上挂着一样东西，在灯光下闪着光，那是埃塞尔的戒指，被一根粉红色的丝带系在它的脖子上。接着，魔术师拿来一张白纸把白豚鼠包了起来，递给埃塞尔。当她打开的时候，白豚鼠消失不见了，她的手里只剩下一枚戒指和一束玫瑰。

5. 做平民的优点和好处

白宫，1904.1.21

亲爱的特德：

这是我写给你的一封很长的信，同时，随信一起寄出的还有两份考试试卷，一份试卷是西点军校的，另一份试卷是安纳波利斯海军军官学校的。为了你报考军校的事情，我思考了好多天，并且我还与你们的妈妈商量了很长时间。我觉得，作为父亲，我应该把最好的建议告诉你，让你在人生路上少走弯路，然而，我不想强迫你违背自己的愿望。

如果你真的作出了决定，特别渴望想要参加海军或者陆军，成为一名战士，并且从你的内心深处真的对参军很感兴趣，甚至超出你对其他事业的兴趣，而且，参军这件事情对你有特别大的吸引力，你认为参军是你的崇高的理想，你认为参军是给你提供了报效社会的最好的机会，那么，我就无话可说，完全支持你的做法。

但是，我无法确信这是你的真实想法。从我的角度看来，我一直认为，你之所以选择参军，是因为你找不到其他的方向，其他的事业对你没有吸引力，你甚至不知道，在以后的岁月中你想要做什么工作，或者你要去承担什么样的工作，也不知道自己是否能取得成就。

你想要参军的目的，主要原因是你个人认为在你年轻的时候，你想要给自己选择一种稳定的生活，并希望在未来的日子里能够稳定地走下去，不会面临失败的压力，不会有任何失败的可能。我想说的是，如果这就是你的真实想法，那么，我想要把美国海军军官和历史学家马汉船长曾经对他儿子说过的话对你说一遍。当年，马汉船长没有把儿子送入西点军校学习，当有人问他为什么没有把儿子送去西点军校学习或者去安纳波利斯海军军官学校学习的原因时，他说："我对我的儿子非常有信心，我感觉不到参军对我儿子而言是有价值的。"

我像马汉船长一样，我对你也充满信心，我相信你有把握未来的判断力，我也相信你有战胜困难的毅力，我想以你对未来充满乐观的精神，即使做个普通的平民，你都会拿出你的拼搏精神去赢得属于你的成功。我知道，你会在未来的路上遇到一些困难和坎坷，面对磨难也会有消沉的时候，但我想说的是，每个普通人都会经历这些坎坷。虽然在以后的日子里，你会按照自己的方式去工作，但你和我相比，你不管从事哪种工作，都不会比我的工作艰苦，也不必去面对很多让人沮丧的事情。你有一定的工作能力，我相信，相信你一定会在事业和工作上取得成功。

如果一个人想要在海军和陆军中寻找到展示自己能力的机会，寻找到超过同伴的机会，其实并不一定能超过自己的父辈。当年，我去圣地亚哥当兵的时候，我看到很多在陆军中服役的同龄人，还有几个比我们年长几岁的人，他们的思想是僵化的，而且没有多大的才能，没有远大的理想和抱负，我每次看到他们，心中总会为他们感到难过。

最近这几年，海军的情况比陆军要好一点，但是，在南北战争爆发以后的 20 年时间里，年轻人想要在海军中找到锻炼的机会，想要做出有成绩的工作，比陆军还要少。事实上，无论是海军还是陆军，我认识的一些人都已经当了爷爷，他们眼睁睁地看着自己的后代有了事业，自己甚至连一个上尉的军衔都没有得到。

当然，对于在西点军校和安纳波利斯海军军官学校毕业的学员来说，不管在什么时候，只要有战争爆发，如果他们还留在军队服役的话，还是会获得升官的机会。在这样的大环境下，我个人认为，在军队里受过训练，后来又离开军队的人，要比仍然留在军队服役的人有更多升官的机会。另外，我当年在西班牙参军时期做过的事情，不是名牌军校毕业的毕业生，也能够做到。

最后还有一个问题，是关于你去西点军校或者去安纳波利斯海军军官学校上学的事，你要知道，不管是哪所军校，毕业后还有 4 年的服役期，4 年的服役期满后才能离开军校。在这种情况下，你将会获得更好的教育和训练基础，在某些方面，会在更大程度上考验你的能力，我认为，这种考验比你在其他普通院校所接受的考验都要大很多。

但是，我要告诉你，在军校中，你会获得的职业能力训练只是在机械师方面，除此之外，你不会再获得其他的训练，你的未来的一切都被安排好了，你会失去很多独立成长的机会。在军校中，你所要面对的诱惑非常少，这样，你就不会有战胜诱惑的能力，你也不会有更多的机会去展示你的个人方面的才华。比如你 17 岁参军，你遵循着军队的规矩走下去，结果你发现：当你 25 岁离开军队的时候，你没有经历过其他任何的训练，包括法律知识和工业方面的训练，而且，当你进入社会的时候，你会发现，你的同学比你提前三四年进入社会，他们大学毕业后就参加了工作。

当然，在这种情况下，你也可以继续选择去学习法律，然后，又需要四年的时间才能毕业。这给我的感觉是，一个人想要做好一种工作，只有自己打算好并且把它当成终生的工作，还要对这份工作有浓厚的兴趣，那才能做得很出色。另外，在军队中，军官的数量总的来说不是很多，将来有一天，如果你想要留在军队里，你就会选择继续服役而不会选择自动离开。

我希望你能认真考虑这些问题后再作出决定。假如你最初选择了从军的道路，并且将它视为你的终生事业，将来你忽然发现，你的选择是错误的，这不是你最终的意愿，没有经过深思熟虑就走上了从军的道路，那对你的人生来说将是永远的伤痛。

如果你觉得参军不是你想从事的终生的事业，你就不要选择去军校学习。如果你真的找到了这种感觉，那你就去报考军校吧！如果不是这样想的，那就要做另外的打算。

今天，美籍生理学家勒布先生对我说：他曾经在 17 岁的时候特别想成为一名职业军人，但最后失败了，他没有参军。那位当年战胜他的对手，现在才是个上尉军衔。如今，勒布先生的成就已经超过了他，尽管这期间曾经发生过一次战争。

勒布先生说，他当年愿意参军的原因，是因为他不知道自己能做什么工作，也没法预测自己未来的生活，他当时认为军队会给他带来他想要的生活和事业。如今对你来说，如果你也有和当年的勒布先生相同的想法，那么，我会对你说，你千万不要参军。对有些孩子，我会建议他们参军，但唯独对于你，我会让你慎重选择。因为我对你太信任了，我在你身上寄予了很多的期望，希望你能成为一个事业有成的男人，而不是一个没有成就的军官。

6. 好的忠告

白宫，1904.2.6

亲爱的特德：

我曾在信中与你探讨过是否应该参军的问题，我想，如果你考虑成熟以后，仍然坚持自己的选择，认为你应该参军的话，那我会支持你的选择。如果你真的选择参军，我会对你最后作出的决定表示惋惜，因为我曾经对你抱有很大的希望。我相信，你即使选择过平民的生活，最后，你也会获得更大的成功。实际上，我知道在你以后的岁月里，你过平民的生活，你的人生肯定是坎坷的。

其实，很多像你一样大的年轻人，他们学有所成，怀揣文凭踏入社会后，他们都会有一段坎坷的时光，那段时光他们称之为消沉的时光。刚开始的时候，他们即使再努力，也不能把自己领到正确的方向上，此时，好似爬到了梯子上，却因为脚步沉重，而无法到达梯子的顶部。我相信你有活力有毅力有才能有能力，当你选对方向，你就会不顾一切，勇往直前，你会有这样的勇气的。

给你的忠告就写到这里，等你复活节回来的时候，我会和你的妈妈还有你，我们三个人冷静地坐下来，认真地探讨一下这个问题。

告诉你一件很重要的事情，曾任陆军部长的鲁特先生要在礼拜一退休了，接替他位置的是塔夫脱州长，他曾经在最高法院担任首席大法官。在未来的日子里，我会想念鲁特部长，在他任职期间，他非常能干、心胸宽阔、最大公无私，他是我最好的朋友和顾问，无论谁来当总统，都希望他能在自己身边任职。

鲁特刚从部长的位置上退下来，就在联合俱乐部发表了一次演讲，这次演讲非常有震撼力，他说出了我想说的话。而且，他说的每句话都沉甸甸的，在这种场合，面对很多的听众别人是没有勇气说出这些话的。

再说说新任的塔夫脱，他也是一位很好的合作伙伴，我想，他肯定会成为我的好帮手、一个我遇到困难能够安慰我的人。但是，你们的妈妈却对我说，塔夫脱简直就是另一个我，他的性格跟我非常相似，因此，他很难像鲁特那样，随时可以给我好的忠告。你知道鲁特为什么能给我好的忠告吗？那是因为我和鲁特，我们两个人在性格方面存在很大的差异，所以可以取长补短。

7. 怀念汉纳参议员

白宫，1904.2.19

亲爱的特德：

告诉你一个悲哀的消息：参议员汉纳去世了，他的死其实是个悲剧。汉纳去世前给我写了一份备忘录，这是他写给我的最后的文字，那时候，他的状态看上去非常不错，我看了他写的这份备忘录感觉很不错，我欣赏他的才能。

他的去世，最悲哀的是他的好友和他的家人，因为他的性格特点是慷慨大方和宽厚善良，这些年来，在漫长的工作和生活中，他依靠自己的能力、毅力、活力和强健的身体，取得了事业上的成功，这不是随意得来的，需要的是踏实苦干和勤奋刻苦的努力。

前几天，牛仔戏的主持人，风靡美国的被大家熟悉的主持人水牛比尔和我的老猎手约翰·威利斯一起共进午餐。这个水牛比尔曾经是美国西部的一位充满传奇色彩的人物。你还记得吗？水牛比尔是我最要好的朋友。我记得当年的那些事情，当年，我是副总统，到处竞选，我曾经为了竞选来到一座名叫堪萨斯的小城市，那时候，我正好遇到水牛比尔，他带着牛仔戏在堪萨斯演出。

当时，水牛比尔来到我的卡车上，他站在车尾平台上，为了支持我的竞选，他公开发表了一次演讲，内容非常简短，最后的结尾，他大声说："西部旋风来到了这个地方，老鼠钻进地洞有什么稀奇的呢。"

再次谈到你的事，我个人认为，没有一个男人不喜欢西点军校的教育的，它对每个年轻人都是有益处的。但是我仍然坚信，你如果参军我会很高兴，会支持你，会尊重你的选择，因为你的身上有很优秀的品质，而这些高素质，对一个军人来说至关重要，更准确地说，你身上的这些良好的品德和修养，尤其是在和平时期从事平凡的工作，将会给你带来更多的益处，它会让你在普通的工作中得到更多发展的好机会。

8. 不会说话的昆廷

白宫，1904.2.27

亲爱的克米特：

你们的妈妈去纽约已经有三天了，在这三天中，昆廷生病了，这小淘气生病的原因是他趁着你们的妈妈不在家的机会，吃了太多的糖果和巧克力沙司冰激凌，他太喜欢吃这些东西了，吃起来就无法控制自己的嘴巴，结果，他就生病了。

第二天早晨，昆廷由一个活泼可爱的男孩变成了一个面带悲伤的病孩子，我把他称为"悲伤的小兔子"。昆廷在他的床上躺了整整两天的时间，他从来没有在床上连续躺过这么久，他的样子看起来很难过。

埃塞尔很用心地照顾昆廷，她没多大变化，还像从前那样无微不至地照顾她的两个小弟弟——昆廷和阿奇，她替我分担了很多职责，她成为最合格的代理妈妈。

每天早晨，我都会按时起床，然后，来到餐厅和他们一起吃早餐，吃完饭，我会拿出很短的时间给昆廷读书，我在家里就做这点事情了。

你想象不到的事情太多了，阿奇已经有三天没有洗漱了，他总是在逃避洗漱。

有一天，我走到昆廷的面前对他说：你知道阿奇是怎样洗脸的吗？昆廷看着我，慢慢地说："他很少洗脸刷牙。"结果，昆廷的话让阿奇很不高兴，他反过来讥讽昆廷，这是他的性格。

告诉你个好消息：昨天，你们的妈妈终于回家了，她在帕西法尔享受到了快乐，带着愉快地心情回来了。还有一个坏消息：咱们家的所有马匹都生病了。

9. 总统和日本摔跤手（一）

白宫，1904.3.5

亲爱的克米特：

提起相扑你一定不陌生，它是日式摔跤，日本国内，摔跤高手很多很多，我也领教了他们的功夫。我每个礼拜都要和两个日本摔跤手练习摔跤，次数通常是三次。按照我的年龄和我的体格，对手不会把我轻轻地从头顶扔过去，他们会做出轻拿轻放的样子，然后把我放在气垫上。

我和他们摔跤后，我承认：日本摔跤手的技术真的是太棒了，我从来就没有受过伤，你相信吗？不过，和日本摔跤手摔跤后，导致我的喉咙痛，看上去不是很严重，只是轻微的疼痛，事情是这样的：有一次，一个日本摔跤手忽然用手抓住了我的脖子，我也伸手抓住了他的气管，我当时非常自信，我认为我的速度很快，可以在他打败我之前，我将他制服。然而，他的速度比我要快很多，他首先抓住了我的脖子，他赢了，我输了。

10. 总统和日本摔跤手（二）

白宫，1904.4.9

亲爱的特德：

我非常喜欢日本式摔跤，也有兴趣在休息的时候从事这项运动。可是，今天我做完摔跤运动后，就不知道下一次摔跤会在什么时间进行，因为我工作繁忙，无法确定准确的时间。

白天，我经常会在参议两院和那些议员们进行辩论，我通常把与他们辩论看成是搏斗，当我与他们辩论了8个小时后，时间很快到了下午五点，我就觉得自己像猫头鹰，就是那种白天睡觉，晚上捕猎的喜欢飞翔的动物。

这时，我忽然发现，把摔跤当成工作之后的休息和娱乐，那是太激烈了，也是一种枯燥的休息方式。这种休息方式，让我身上伤痕累累，我的身体各个部分都有伤，从我的左手腕到我的一根拇指再到右脚踝和两个大脚趾，这些部位都肿痛起来，甚至让我的四肢越来越不好用了。

其他的地方擦伤后涂抹上了药水，我的身体看上去就像一幅五彩斑斓的画。但是，我在摔跤上还是有了不小的成就，自从你离开我以后，我学会了三个新的摔跤手法，我感觉很好。

11. 白宫里的美好时光

白宫，1904.5.28

亲爱的特德：

我总是有很多的工作要做，虽然感到很疲惫，但是也总比有很多的烦恼要好得多。不管怎么说，白宫的生活确实是让我很快乐。这个地方很美，我认为我和你们的妈妈在白宫里得到的快乐比其他人都要多。我们都非常喜欢白宫，不管是它的内部设施还是它的外部环境，在这里，我们可以安静地遐想，可以过简单的生活，可以享受属于我们的惬意时光。

我们特别喜欢在花园里散步，喜欢华盛顿的气氛。这段时间，我们的早餐一般是在位于南面的回廊里享用的。你们的妈妈穿上夏天的衣服，看上去是那么的迷人，那么的美丽。

吃完早餐以后，我们就开始在花园里散步，通常，散步的时间是十五到二十分钟，花园里鲜花怒放，泉水喷涌而出，绿树如荫，我们停下来欣赏这醉人的景色，很快就陶醉了。休息完毕，我回白宫继续工作，一般工作到四点到五点，午餐的时候我会与一些公务人士见面，这些公务人士主要有参议员、文学人士、资本家、大使、劳工领袖、科学家，还有能够捕获大猎物的好猎手。

闲暇的时候，你们的妈妈想要去骑马，我就会去陪她骑马，我们的时间都在马背上度过的，骑马时间需要两个小时。通常，我们骑马的路线是这样的：我们沿着弗吉尼亚海滨骑马，然后，等我们骑马结束以后，我们就会回到白宫。

昨天，我和你们的妈妈一起去了岩溪公园赏景，当我们沿着大道摇摆着回来的时候，只见路边种植的洋槐树开着白色的花，那些洋槐树排列在一起，充满魅力。我遗憾地告诉你，这些洋槐花是今年最后一次开花了，除了月桂树以外。在这里，还有很多花儿已经绽放了或者正在含苞怒放，在这些花中，最让人关注的是忍冬花。如今，南面的回廊，到处弥漫着诱人的花的芳香，走在花海中，令人陶醉，不过，茉莉花开花要晚一些。

闲暇的时候，假如我们不想骑马，我们就会选择散步和打网球。特德，我亲爱的儿子，我想，你的网球水平已经超过了我，这让我既高兴又感到压力。

12. 弗农山的兔子葬礼

白宫，1904.5.28

亲爱的克米特：

当我见到你和特德非常高兴，我心里也特别开心。

今天，我们全家去参加了一个奇特的葬礼，那是兔子的葬礼，埃塞尔、阿奇和昆廷以及加菲尔德家的孩子们都去了弗农山。昨天，那只叫彼得的兔子死了，我们为它举行了隆重的葬礼。阿奇很难过，他身穿工装裤，把彼得兔装进小小的黑色的棺材里，然后，放到他的一辆四轮玩具车上，这只可怜的彼得兔就这样安静地躺在那里。

作为丧主，你们的妈妈不得不步行跟在四轮玩具车的后面，在下葬之前，你们的妈妈和阿奇分别致颂词，他们神情严肃。致词完毕，他们就埋葬了彼得兔，并在它的坟墓上放置了灯笼海棠，那个小小的坟墓看起来让人悲伤。

下周，我要带孩子们去酋长山了，你还记得英国散文家和儿童文学作家格雷厄姆吗？他曾写到哈罗德是怎样到了马戏团并在那里演唱马戏团的大谐歌？昨天，你们的妈妈把身子探出窗口，就听到阿奇在不断重复地唱着："我要去酋长山，去酋长山，去酋长山。我要去酋长山，哦，去酋长山！"此时，他在木兰树下荡秋千，边玩边唱。我们明白了，这是他在表达心中的快乐和对父母，对自然的感恩。

　　孩子们下周的酋长山之行是没有我和你们妈妈陪伴的，他们都很兴奋，一点儿看不出来即将和父母离别的样子，他们没有任何遗憾和难过。昆廷是个机灵鬼，他今天和阿奇又开始淘气了，他们在沙箱里插入水管，然后，等看到沙箱里的水很多了，他们穿着橡胶长靴踩进了沙箱里，他们说这是防御工事，用来抵挡敌人的攻击。玩够了，他们就拿起水管当成水枪，互相开始喷射对方，看着他们变成湿人，我们都哈哈大笑起来。今天，埃塞尔打了一会儿网球，网球运动可以保持体形，所以，她特别喜欢这种运动方式。

【第九部分】

总统的多彩生活

　　作为总统，罗斯福的生活不是单调乏味的，而是多彩的。从 1904 年 6 月 12 日到 1905 年 3 月 20 日，在这段时间里，罗斯福经常外出散步。有一天，当他路过动物园的时候，他快步走了进去，手里拿着青草给麋鹿喂食；在他外出骑马的时候，在路上，他看见了一只乌龟和一只兔子，他会把它们称之为兄弟，还会目送着兔兄弟跑进灌木丛里，他会好奇地看着龟兄弟把头和脚缩在龟壳后而哈哈大笑。罗斯福会在不忙碌的时候，邀请出嫁的女儿来弗吉谷做客，漫步在迷人的花园里，他的心情非常愉快。即使是在选举的前夜，罗斯福还会带着夫人穿过宁静的乡村，来到景色秀丽的岩溪公园骑马，在公园里，他们欣赏着美丽的自然风光，暂时忘掉烦恼，忘掉很多关于他的谎言。罗斯福还会在某个空闲的晚上，带上夫人和孩子们一起去剧院看戏，他会觉得这是他最幸福的时刻。

1. 动物园里的总统饲养员

白宫，1904.6.12

快乐的昆廷和阿奇：

　　告诉你一件有趣的事情：花园篱笆上的葡萄藤中有一群小鸟生活在里面，这地方竟然成了鸟儿的家，这些小鸟看上去快长大了，不过，它们的妈妈仍然要找来食物喂养它们的宝宝。

　　我看到这样一个场景：一位鸟妈妈飞来了，它的嘴巴里叼着一条虫子，小鸟们看到好吃的食物来了，都张大了嘴巴看着鸟妈妈。

　　前几天，我在外面散步，途经动物园，我看到一头大约有两岁大的麋鹿，它站在动物园里的笼子里，看上去很饥饿的样子。于是，我走过去，拿起青草开始喂食那头麋鹿。雄鹿们的角非常柔软，看上去就像丝绒那样光滑，我手里拿着草，把草伸进了栅栏里，那里住着一只雄鹿，我要通过栅栏给它喂草。

　　快乐的阿奇，代我向照顾你们的小姐问好，我希望你和昆廷能和她友好相处，不过，我提醒你们，不要在藏书室里面玩闹，我不喜欢你们这样做。

　　我认为你是个写信的高手，你的信写得最棒，我特别喜欢。

　　最近这些日子，经常有人送给我几只活的动物，他们把动物当成礼物送给我，我特别高兴。前几天送给我的是鹰，今天早晨我又再次得到了一只猫头鹰。我经常做一个梦，梦见这只猫头鹰飞行的速度太快了，它只用自己的一只脚爪就抓住了一只老鼠。我把这些可爱的动物都送到了动物园，那里才是它们真正的家。

　　前几天，我在散步的时候再次做了一次荒唐的事情，我与平肖先生还

84

有加菲尔德先生爬进了布拉格登鹿园，那里面有很多鹿。最后，我和麋鹿赛跑，没想到的是：那只麋鹿竟然失败了，我跑赢了一只美丽的麋鹿，它看起来就像是一只小鹿，全身长着斑纹，当它跳跃起来的时候，它就是一匹赛马。麋鹿大步跳着，白色的尾巴高高地翘起来。

2. 龟兄弟和兔兄弟

白宫，1904.6.21

亲爱的昆廷：

　　前几天我到外面骑马的时候，我看到在大路上，有一只乌龟和一只兔子坐在那里，看上去仿佛像书里的插图。当我从它们身边经过的时候，兔子飞快地钻进了灌木丛里，乌龟没有动，它见我走到它的身边，它把头和脚藏进了龟壳里。

3. 充满魅力的弗吉谷

白宫，1904.6.21

亲爱的埃塞尔：

　　在我眼里，你就像个小喇叭，我喜欢你写给我的每一封信，我很喜欢你烹饪美食的方式，喜欢你照看孩子的方式和节俭持家的方式，每次看到你忙碌的身影我都觉得你是世界上最可爱的女人。

　　礼拜天，我邀请你到弗吉谷来玩一玩，我们一家人会在这里度过快乐的时光。我先给你介绍一下弗吉谷，这是个充满魅力的地方，置身在这里，仿佛穿越时空，回到那些遥远的历史中，让人产生无尽的遐想。弗吉谷的花园是非常迷人的，有一对绿歌鸲，它们选择了一棵菩提树，并在上面安了家，它们放开歌喉，整天唱歌，从不停止。

那棵菩提树就生长在路边，它开出了美丽的花朵，散发出的香味弥漫在马萨诸塞的林荫路上。此时，木兰花盛开在高达五米的树上，紫色的花瓣绽放在枝头，是那么的孤傲和圣洁。门廊上的茉莉花也开了，白色的花朵美丽动人，散发出浓郁的芳香，使人陶醉。

4. 弗吉谷的历史

白宫，1904.6.21

亲爱的特德：

前几天，我和你们的妈妈去骑马了，这次骑马很快乐。抬头向远处望去，斯莱戈溪向本特米尔的西北支流流去，那里是峡谷，看上去既窄小又深不见底，周围都是巨大的石头和陡峭的峭壁。巨大的瀑布飞流而下，给这个地方平添了一份美丽。

你们的妈妈身穿女式的骑马装，看到如此美丽的风景，竟然从马上跳了下来，勇敢地向峭壁爬去，她看上去是那么漂亮，走到哪里都会被人长久地注目。这一路上，道路平坦，风景也很美，我们在那里玩了4个小时，其中，我们攀登峡谷用了半个小时的时间。

特迪·道格拉斯和海伦的婚礼在礼拜六举行，我去参加了他们的婚礼。无论从哪个方面来讲，这场婚礼都是非常美好的，我喜欢新郎和新娘。婚礼结束后的第二天，也就是礼拜日，我去了弗吉谷，司法部长诺克斯的家就在那里，那天，我是在他的家里度过的。下午，我在教堂里发表了很简短的演说，这场演说不是我自愿的，而是不得不做的事情。让我颇感意外的是，他们要在这里修建一座华盛顿纪念碑。这让我不禁想到了一些著名的人物，在华盛顿的军队里，有很多晚辈军官，他们都成为有影响的人物，这些人物分别是：亚历山大·汉密尔顿，他是美国著名的政治家，财政部长，他是这个国家里才华横溢的人；门罗，美国未来的总统；约翰·马歇尔，未来的首席大法官，他为美国政府做了很多令人赞叹的工作。

5. 获得总统提名前的小插曲
白宫，1904.6.21

亲爱的克米特：

今天，我在诺克斯夫妇家里度过了快乐的时光，这里是一个美丽的农场，如果你能来到这里的话，你可以在这个地方快乐地尽情地奔跑。我来给你介绍一下农场的主人菲尔·诺克斯，他个子矮小，但很能干，做事很有效率，他不爱说话，喜欢沉默，他的这种待人的方式，非但没有让我和你们的妈妈感到拘束，反而让我们很开心，他用这种沉默的方式做完了他的所有的工作，我们把他的这种工作方式称为第一流的。

昨天，共和党召开全国代表大会，如果没有出现很大的变动，我将会在这次大会上获得总统提名。针对我将获得总统提名，有反对我的人开始抱怨，发泄他们心中的不满情绪；他们一直认为，是我口授了那些材料。我想，这些人不敢轻易反对我的总统提名，为了这样一个理由，而让全国代表大会出现一边倒的情况，是不可能发生的。

谁能告诉我，这次选举会产生怎样的结果。当然，我希望自己能够再次当选总统，但我也知道，我已经是个幸运的人，不仅仅因为我已经当选过总统，而且，我在担任总统期间做了很多我应该做的事情。不管这次选举会有怎样的结果，我都很知足了，我会为我一直拥有的好运气而真心地对支持我的人表达我的谢意。

自从巴拿马运河开始修建，我做的那些事情，将会在我国的历史上产生重大的影响。我想说一句，我个人认为，我们这个家庭在白宫里得到的快乐比任何家庭都要多。

今天早晨，我和你们的妈妈在回廊里享受早餐，早餐后，我们一起在这个迷人的地方散步，当我们看着这幢有着悠久历史的老房子的时候，心底顿时会有庄严的感觉。我能够有机会在这里做总统的这项工作，真的是一项特权。不过，即使我竞选失败，我不会难过，也不会一蹶不振，我会认为是自己的工作做得还不够好，我的工作能力还存在问题，我的智商还很平庸。我还是会心酸，那是因为我不能运用手中的权力为国家和人民服务，而不会为了自己曾经拥有总统的特权而沾沾自喜。

6. 白宫里的蜥蜴

白宫，1904. 6. 21

亲爱的阿奇：

前几天，我看到了蜥蜴比尔。那天，我和你们的妈妈从南回廊的台阶上走下来，发现忍冬花丛里有个东西在不停地动，我仔细一看，原来是蜥蜴比尔，你记得吗，那是你从弗农山带回来的。以前，我们在忍冬花丛里看到过它好多次，它一直都在家里。

如今，你们这些孩子离开了白宫，没有你们在我的身边，我忽然觉得，白宫变得空荡荡的，而且变得很大很大，甚至白宫的那几位门房都很想念你们在白宫的日子。

傍晚的时候，假如我和你们的妈妈不想一起去骑马，我就会去打一会儿网球，在网球场上经过一场搏杀以后，会出一身大汗，这时我就会感觉浑身舒畅。

7. 选举前夕

白宫，1904. 10. 15

亲爱的克米特：

这段时间，天气温和，呼吸着凉爽的空气，让我有了一种秋天的感觉。上个礼拜，我和你们的妈妈趁着好天气，一起去岩溪公园骑马。当我们骑马从乡村穿过时，被那些漂亮的树叶吸引住了。我们从没见过这么漂亮的树叶，看着这些树叶，心情变得愉快起来。

弗吉尼亚藤蔓以及松树和橡胶树，它们的颜色是那样的鲜艳，栎树是深红棕色，山毛榉、白桦树和山胡桃看上去是明亮的金黄色。这封信是我和你们的妈妈去参加诺克斯参议员女儿的婚礼的路上口授的。一路上风景秀丽，到处都是五彩缤纷的色彩，看了让人愉悦。在这之前，我在遥远的南方也没有看到过比这里更美丽的色彩。

特德和马修·黑尔，他们都是工作出色的小伙子，他们在一起努力工作，就像一家人一样，就像小姐。谈起小姐，我非常欣赏她，她看上去很聪明，而且像个快乐天使，她每天用心地照顾阿奇和昆廷，她的那些照料方式也很特别。

昆廷在我和你们的妈妈的逼迫下，开始每天骑马，他骑的是那匹名叫"阿尔冈昆"的马。阿奇很喜欢橄榄球衣，他给自己买了一套，不过，我不知道他是不是在橄榄球方面有浓厚的兴趣，礼拜六和礼拜天，他都是在里克西医生家里度过的。

　　闲暇的时候，特德和马修·黑尔打网球，我和库利先生打网球，最后，我们和丹·摩尔打成了平局，我相信，你如果回来和他打网球，你一定会是赢家。昨天下午，我们外出的时候做了一件很冒险的事情：我和马修·黑尔还有特德以及三四个喜欢冒险、性格活泼的男性朋友出去散步，我们从铁索桥爬上了波托马克河对岸，大家都很开心。

　　明天是礼拜天，我们会很早地吃完午饭，下午，我们全家，但是不包括阿奇和昆廷，我们将会驾车去本特米尔，去那里逛一逛，然后再返回家中。

　　说完这些有趣的事情，再来谈谈政治上的事情，在我看来，最近政局稳定，似乎找不到什么大的错误，但是，民主党人，他们利用各种形式到处散播谎言，在选举接近尾声的关键时刻，他们的目的很明确，就是要散播各种扰乱人心的谎言。这次，我根本无法预测自己是否会在这场选举中取得胜利。

　　在选举之前，我会密切关注各州的投票结果，然后做出准确的预测再把结果邮寄给你，这样，你就可以把这些预测结果保存好，等到结果公布的时候，你看看我预测得是否正确。不过，你一定要牢记，这只是预测，准确地说是我个人的猜测，也可能我的预测不准确，我会输掉这次竞选。无论如何，即使最终民主党胜利了，你也要牢记，我们已经很幸运了，我在三年的任期里过得很愉快，在白宫，我们一起度过了很多美好的日子，我们应该感谢上帝。

　　我喜欢与客人一起共进午餐，不过，晚餐我通常喜欢一个人享用。虽然，到了晚上也会有客人来访，但在一般情况下，我只能拿出一个小时的时间，和你们的妈妈或者是其他人，围坐在温暖的炉火旁边，一起坐在藏书室里，读书、谈话。

　　特德和埃塞尔还有阿奇和昆廷，他们会按照古老的习俗，在你妈妈还没起床的时候，跑到她的卧室里待上 20 分钟到 30 分钟。昨晚，我和你们的妈妈带着特德，埃塞尔和马修·黑尔，大家一起去歌剧院观看一部很好看的戏剧《美国佬的领事》，我们边看边笑，这是选举前夕我们最开心的日子了。

8. 大块头吉姆·怀特

白宫，1904.12.3

快乐的克米特：

前些天，很多远方的人要来见我，在莱夫勒少校的带领下，这些人来自世界各地，有英国人、德国人、还有的来自太平洋沿岸，他们有的是来自偏远山区，他们都是我的崇拜者，有的还是新婚夫妻。走来的是一位身材高大的男人，他身高6英尺4英寸，急切地想要见到我。

这个男人自称是我以前认识的一个朋友，看上去，这个男人到了中年，他身上露出的肌肉，每一块都非常健壮。当队列走过以后，有人对我说，这位中年人是怀特先生。我开始和他打招呼，可能因为我过于敷衍他，这位看起来外表粗犷，身材高大，肌肉结实的中年人有点不好意思地说道："您可能把我忘记了，罗斯福先生。您还记得20年前的一个春天，我和您一起围赶牲口，在博克斯阿尔德河口，我的人与您的人在那里集合。"

听完他的话，我开始仔细地打量他，忽然，我认出了他，我大声叫出了他的名字："你不是大块头吉姆吗?"吉姆是一位很好的牛仔，他现在仍然生活在内布拉斯加的西北地区，在那里他过着自由的马上生活。我认识他的时候，他是个很喜欢和人打架的牛仔，不过，他对我的态度很好。曾经有两次，他想要和农场里的几个牛仔打架，想把这几个牛仔消灭掉，我出面阻止了他的这种荒唐的行为。

克米特，不要为你的功课烦恼了。我了解你，对待学习要认真刻苦，不要遇到困难就妥协，在人生的旅途中，不管是学校生活还是进入社会后的生活，人生都不会一帆风顺的，你会认为命运对你不公平，但是，只要你拿出勇气，勇敢面对困难和挫折，那么，人生总会朝着好的方向发展的。

9. 白宫的冬季

白宫，1904.12.7

快乐的克米特：

这段时间，天气非常寒冷，到了夜晚，气温都在零度以下，即使是在白天，积雪也很少融化。此时，天降大雪，雪越积越多。到了夜晚，圆圆的月亮挂在天上，我骑马外出，马蹄踏在积雪上，留下很多的脚印，你可以想象一下，这是让我开心的一晚。可惜，我太忙碌了，在天黑以前无法摆脱工作的劳累。那晚，我穿着威尔叔叔送给我的毛皮夹克，穿在身上，能够抵挡严寒和风雪的侵袭，这件毛皮夹克是他的奖品，那是他在参加西班牙战争时期获得的物质奖励。

月亮的余晖洒在白雪上面，在月光和雪光的映照下，我骑马前行，此时此刻，与白天骑马相比较，在雪夜骑马更让人清爽。有的时候，特德和你们的妈妈也会陪伴我一起出去骑马，我们在雪地上纵马奔跑，感到非常快乐。今天，华盛顿又下了一场大雪，但是，雪花飘落下来，却是那么的柔美，看着漫天的飞雪，我却不想出去骑马，除非是工作让我感到特别疲劳。整整一个礼拜，整座城市到处都有人在雪地上滑冰或者驾着雪橇在雪地上飞驰。

我们家来了一个新成员，它是黑狗"杰克"，它已经对这里很习惯了，甚至开始喜欢这个建在白宫里的温馨的家。

你知道吗？阿奇和昆廷总喜欢在一起玩耍，他们很喜欢听我读书，我已经给他们读完了《最后的莫希干人》，之后开始给他们读《猎鹿人》。他俩都很聪明和机灵，即使是在晚上读书给他们听，我也会有机会看到他们身上的另一面，这是我在其他的场合所看不到的。但是，忙碌的工作让我很难在晚上挤出时间给他们读书。

你妈妈依然像从前那样年轻漂亮，她仍然那么温柔，对待阿奇和昆廷是那样的耐心。今天下午，她却变得很忙，她要带着你的小弟弟去看戏，还要抽出时间去听埃塞尔唱歌。特德开始参加社交活动了，今晚，他会穿上燕尾服去莫顿部长家赴宴，这可是他的第一套燕尾服，穿在他的身上，让他看上去更英俊和帅气。莫顿部长的女儿将会在今晚的晚宴上出现，她非常漂亮，特德会喜欢这位美丽的姑娘的。

我一想到很快就会见到你，我就很开心。

10. 孩子们的好玩伴

白宫，1905.1.4

埃姆伦·罗斯福夫妇：

我想要告诉你们一件有趣的事情：我的孩子们和你们的孩子，一直都把我当成他们的好玩伴，对于他们的做法，我心怀感激，这证明孩子们都很喜欢我，而不是把我当成一个总统，这实在让我开心。

昨天，孩子们跑来找我，他们围在我身边，提出他们的要求，要求我带领他们去岩溪公园爬山。我想不明白，为什么他们不能结伴同去，非要让我带着他们去。他们每个人都认为，只要我带着他们去岩溪公园玩耍，他们才会觉得开心，他们游玩的时候才会觉得兴致勃勃。

那天，我陪着孩子们一起去了公园，除了我的孩子们以外，一起去游玩的有拉塞尔家的两个孩子，还有乔治、杰克、菲利普和阿奇的一位好朋友，他是个长得很结实的男孩子，阿奇悄悄地告诉我，去年秋天在球场比赛的时候，他们是对手。

在岩溪公园，我们玩得很开心，当他们看到我放下总统的架子，和他们一样身上沾满了泥巴的时候，他们都认为我是他们的好玩伴。后来，我们沿着崎岖的山路和有裂缝的岩石，摇晃着身体小心翼翼地爬上岩面，然后，我们一块儿躺在上面休息，如果有其他人看到了，他们会认为我做了一件和总统身份不相符的事情。

不论在什么时候，如果他们当中的任何一个人在任何方面打赢了我，我都会为他们感到高兴，这种感觉就像是我在某次比赛中战胜了一个与我同龄的人。

11. 来自日本的一封信

白宫，1905.1.14

亲爱的斯特吉斯：

去年，来自日本的山下教授给我讲柔道，也就是现在称之为柔术的东西。海军武官高下司令官专程来这里看望我，他还带来一位健壮的小伙子，他的名字叫北木，如今，北木进入了安纳波利斯海军军官学校。

在空闲的时候，我会经常和他们练习摔跤，他们都很喜欢阿奇，对他非常好。今年的圣诞节，北木还给阿奇寄来一份圣诞礼物，是从安纳波利斯寄来的，阿奇收到礼物很高兴，并且没忘记给北木写信表示感谢。北木收到阿奇的信件后，很快就给他写了回信，他的回信我看了，我很喜欢，我想你肯定也会喜欢这封有趣的信，因为这封信带有日本人的性格特点，这个特点却能给人带来快乐。我附上北木的信件给你看看，他的信的内容如下：

我最亲爱的孩子：

我收到了你的来信，心情愉快。我非常感谢你给我回信，你收到我的小礼物我感到非常非常高兴。

我非常非常喜欢你。当我在柔道室陪伴你和你父亲的时候，你父亲对我讲了很多事情，其中就包括骑兵指挥官画像的事情。当时，我一边听你父亲说话，一边注意观察你脸上露出的表情。我对你非常赏识，当你从很高的椅子上摔下来的时候，你没有哭泣，也没有流泪，你表现出了男子汉的勇敢和坚强的性格。所以，这两件事情留在我的记忆深处，岁月也无法将它抹去。

上个礼拜四我重新回到了这个地方，我要学习很多的功课，因此，我总觉得学习是很苦的一件事情，比练习柔道要苦得多。

祝你身体健康。

你真诚的朋友　北木

12. 对克米特的忠告

白宫，1905. 2. 24

亲爱的克米特：

当看到你的成绩单的时候，我感到很惊讶，面对你的分数，作为你的父亲，我苦苦思索了好久。我个人认为，对于你目前的分数，我只能做出一个合理的解释，那就是：你太想家了，你没有把所有的精力和时间用在学习上，思乡之情太浓，导致你不能安心学习。你每次在回家之前，都会在心里计算时间，你整天在心里数日子：离回家的日子只有 33 天，只有 26 天，只有 19 天，你认为这对你来说是件很自然的事情。

但是，从我的角度来看，正是你的这种思乡心切和数日子的做法让你没有把所有的精力和时间用在刻苦学习上。我劝你，如果想要成绩优秀，最好是不要把心思用在这些方面，不要总想着回家，要把自己的所有精力都投入到学习中。有这样一句古老的谚语说得很正确：先把你的手放在犁把上，然后再去回想。

也许，在你以后的生活和工作中，总是会发生这样的情况，比如：你会被你的上司派去做某项工作，而这项工作又在外地，你不得不离家远行。在这段日子里，假如你整日整夜都在计算着你还有多长时间可以回家的话，我告诉你，你会发现你无法完成自己的工作，想要做好工作对你来说是很难的。同样，面对学校的功课，你如果想顺利毕业的话，要调整好自己的心态，首先，忘掉回家的事情，好好学习。

星期三是美国已故总统华盛顿的生日，我去了宾夕法尼亚州，在宾夕法尼亚大学，我进行了一次演讲，中午，在宾夕法尼亚的部队里和官兵们一起用餐。午餐后，就回到了家里。这次我没有感觉到太多的疲劳，和其他旅行相比，我只觉得有轻微的疲劳，那是因为我躲过了晚宴，那些晚宴可以用可怕两个字来形容。不过，到了夜晚，当我坐在火车上的时候，我忽然觉得很忧郁，简直到了快要疯狂的地步，也不知道是为什么。

自从礼拜日以来，我已经有好几天没去骑马。这段时间，我仍然坚持和全美中量级的摔跤冠军格兰特练习拳击，有人说，拳击是一项野蛮的运动，可我非常喜欢这项运动。昨天下午，我请山下教授来到这里，他与格兰特一起摔跤。我觉得非常有意思的是，柔道和摔跤是隔行如隔山，这两样运动完全不同，想要拿柔道和摔跤来做对比，那是一件非常困难的事情。

摔跤是一项死板的运动，它和网球一样，规则都很死板，不够灵活，而柔道与摔跤不同，它的目的就是练习杀伤敌手的能力。最终的结局，格兰特只是把山下放在他的后背上，除了这个动作，他不知道接下来该如何对付山下；而山下，他趴在格兰特的后背上一副得意的样子。时间过去了一分钟，格兰特开始气喘吁吁了；时间过去了两分钟，格兰特被山下的肘部控制住了，此时，格兰特好似被人折断了手臂，不能施展自己的动作。

接着，山下放下了格兰特，格兰特才缓过气来。不过，在摔跤和投掷的运动项目中，格兰特并没有输给这个日本人，他们的实力相当，其实，格兰特还是个非常强壮的人，他也会出奇制胜，让山下这个日本人受点小伤或者让他疲惫不堪。

紧紧凭着这一场小小的竞技比赛，我敢断定，我们国家的摔跤手和拳击手，如果是大块头的话，完全可以依靠自己的力量，很轻松地把日本人消灭掉，但是，由于日本人的身高体重的问题，他们想要和我们国家这些身材高大、体格健壮、经过长期刻苦训练，并且非常有力量的人对抗的话，只能埋怨他们的个头太矮小，体重太轻了。

13. 华盛顿的春季

白宫，1905. 3. 20

亲爱的克米特：

我要告诉你，我的国务卿约翰·海生病了，而且病得很重，他决定离职，准备去海上航行或者回家好好休息，这样，能让他的身体很快康复。我真心希望他能恢复健康，不仅是因为我欣赏他，更重要的是从国家的角度来考虑的。如今，我想要找到能代替他的人，但很难找到合适的人选。

每个礼拜天，我会去教堂祈祷，在回家的路上，我总会去探望他，在他的家中，我会与他亲切交谈，我觉得是很快乐的事情，礼拜天的交谈不是普通的谈话，一些关于公共政策的重大问题的决定就会在这次谈话中诞生。

礼拜五，我去了一趟纽约，不是为了公事，而是为了我的侄女埃莉诺，她要结婚了，我作为他的叔叔，是要去参加她的婚礼，不过，我来去匆匆，真的算是忙碌的总统。在纽约，我发表了两场演讲，一场是在"圣帕特里克之子协会"，另一场演讲的地方是在"美国革命之子协会"。

华盛顿的春天来临了，趁着大好的春光，我和你们的妈妈去乡村骑马，走在乡村的小路上，呼吸着新鲜的空气，看着美丽的乡村风光，我们都开心极了。另外，我和特德还有马修开始打网球了，春天适合体育运动，我想，你也应该出去运动一下，让你的身体更强壮。

春天到了，小鸟们飞回来了，很多的鸟都会来到花园里，放开它们的喉咙尽情歌唱，这些"歌手"的名字很好听，有歌雀、有知更鸟、有紫织布鸟、还有凤头山雀。前几天的清晨，我和你们的妈妈正在床上休息，忽然，一只鸟飞来，大声地唱歌，把我们吵醒了，我趴在窗上仔细看，原来是一只红雀，它停在一棵木兰树上。

昨天下午，阿奇和昆廷的朋友来看望他，男孩子们聚在一起，先是爬树，然后到喷泉里划船，接着模仿一种名叫丘鹬的鸟的样子挖沙箱。

告诉你一件不幸的事情，昨晚，弗兰克·特拉弗斯先生去世了，他是一位可怜的先生，我对他的去世感到非常难过，因为他是我的好朋友。

❰第十部分❱

科罗拉多的打猎之旅

    1905 年 4 月 14 日到 5 月 2 日，罗斯福来到科罗拉多，开始了他的打猎之旅。在旅行中，罗斯福没有到处演讲，这样做有两个好处，第一，避免了反对派的猜疑和谎言；第二，做自己想做的事情。在俄克拉荷马，罗斯福猎狼 5 天，他认为这是他人生当中最愉快的一次旅行。在这里，罗斯福认识了猎狼高手艾伯内西，他还猎到了一只大黑熊，他后来评价自己的这次打猎行动是一次非常完美的打猎之旅。在科罗拉多的分水河，罗斯福遇到了很多可爱的草原小姑娘，其中的一个女孩走到他的面前，伸出手来大方地和他握手后，悄声地提出她的要求：她想和警卫握握手！这次科罗拉多的打猎之旅，罗斯福收获很大，他猎到了 10 只熊和 3 只山猫，他还得到了一只名叫斯基普的小狗，它是一只可爱的小狗，它也非常勇猛，它参与了熊和山猫之间的战斗。这次打猎之旅，让罗斯福终生难忘。

1. 总统的打猎旅行

科罗拉多温泉，科罗拉多，1905.4.14

快乐的克米特：

　　春天到了，我在得克萨斯和俄克拉荷马开始了旅行，我的旅行很愉快，我想，你在佛罗里达的旅行也很愉快吧！作为一位总统，我的旅行却比平时的旅行要快乐很多，因为这次旅行，我不需要去各种场合做各种演讲，而且我也不必肩负这样的使命。我个人认为，我会如此轻松地去旅行，那是因为总统候选人不再是我，这样，我就完全可以卸下压在肩头的沉重包袱，很多人也无须对我的举动进行猜测，并且做出各种各样的猜想。以上这些，是作为总统候选人必须面对的。

　　当我来到肯塔基和得克萨斯的时候，我受到了热烈的欢迎，这让我感到很意外。在圣安东尼奥，我们当年的莽骑兵团的老战友们举行了一次聚会，老战友相聚在一起，非常开心，这次聚会令人难忘，也令人快乐。

　　接着，我们来到俄克拉荷马，开始了猎狼的旅程，在这里，我过了五天猎狼的日子。不过，这几天，我一直在为拜伊姑妈和可怜的小谢菲尔德感到难过，这次长达五天的打猎日子让我非常愉快。与我一起同行的有扬将军、兰伯特医生和罗利·福蒂斯丘，他们用自己独特的方式证明，他们是我最好的同伴，作为得克萨斯的东道主们，他们给我的旅行做了很多很好的安排，他们在所有事情上都表现得友好而真诚。明年的冬天，我会以东道主的身份，在华盛顿为他们举行一次盛大的聚会。

　　这次打猎，我们捕获了 17 匹狼、3 只浣熊和很多的响尾蛇，我猎杀了11 匹狼。捕猎队的其他人，他们带着一群狗在另外的地方捕杀了 6 匹狼，当时我不在捕猎的现场。我所参加过的捕狼的活动都是以捕杀狼为目的，每一场捕猎都是跑了很远的路程，最终还是看到了狼是如何死亡的。

这是一次绝对美妙的捕猎旅行，我们骑马从陡峭的堤岸跃过，跃过平地、河床甚至是土拨鼠的窝。有一次，我们竟然跑了9英里，除了我能够骑马跑完全程，另外还有一位名叫艾伯内西的人，他是专业的猎狼手。

现在来谈谈艾伯内西，说起这个家伙真的令人称赞，他习惯于把那双戴着手套的双手放到狼的嘴里，你知道他为何要这样做吗？那是因为，这样一来，狼就没办法咬人了，这种方法能够活捉狡猾的狼。艾伯内西就用这样的办法活捉过一匹狼，他把狼捆好，把它放在马鞍上，他的狗跟着他跑了7英里，他希望自己能再次捕杀另一匹狼。

艾伯内西有一位非常漂亮的妻子，还有5个可爱的孩子，他为拥有5个聪明可爱的孩子而感到自豪，他向我介绍了他的孩子们，我很喜欢艾伯内西。每天，我们有8到9个小时的时间是在马鞍上面度过的。在我们去科罗拉多捕熊之前，我终于可以在车上休息36个小时，我非常高兴。

2. 猎狼高手

科罗拉多温泉，科罗拉多，1905. 4. 20

亲爱的特德：

这次旅行，感觉与从前的那些旅行有很多不同的地方，我真的希望你也能参加到旅行团队中。我们这些人在俄克拉荷马打猎，我们领着猎狗不停地奔跑，收获很多，捕获了17匹狼，其中，我猎杀了11匹狼，只有很少的几次是猎狗主动出击的，我却是碰巧和它们跑到一起的。

在捕猎中，有三位东部人满载而归，猎狼手艾伯内西跑完了全程，其他跑完全程的还有我、兰伯特医生和罗利·福蒂斯丘。这次奔跑是漫长的，路途长达9英里，那些骑在马背上的牛仔，他们跑了三四英里，就停

101

止前进了，只有我纵马向前跑去，那情景就像克米特经常玩的一种游戏：撒纸追踪，我按时跑到了终点，见到了艾伯内西捕狼的绝技，这种绝技是惊人的，让我非常佩服。

只见艾伯内西把戴着手套的双手放到了狼的嘴巴里，很快制服了凶猛的野狼，他捕杀野狼很少用绳索和刀子，他靠的都是机敏和快速的反应，他之所以会把手放进狼的嘴巴里，就是让狼无法咬人，从而更快地抓住野狼。我猜想，你一定会喜欢大个子牧羊人的儿子，他的名字叫汤姆·伯内特，这是个非常出色的年轻人，看上去只有 30 岁，他是一个标准的年轻牧羊人，符合所有牧羊人的标准。

来到科罗拉多，我们都轻松了很多，心情舒畅，给我们当向导的是两位贫穷的小伙子，一位向导名叫约翰·戈夫，我当时捕杀美洲狮的时候，他是老向导；另一位名叫杰克·波拉哈，从他的长相来看，他有点像塞斯·布洛克。

我们一共有 30 只猎狗，其中，有一只小猎犬，我们都觉得它很可笑，它的个头只有"杰克"的一半那么大，它的名字叫"斯基普"。这只狗，每天都跟在猎犬们的身后快速跑着，它总是一路小跑，它无法说服斯图尔特先生和兰伯特医生，也无法说服我，和我一起待在马背上，它有时候想要到马背上来，它的眼睛里总会流露出乞求的样子。

斯基普对人很有感情，它聪明伶俐，当它把山猫或者狗熊逼到绝路上的时候，它就会变成一只猎狗，以闪电般的速度冲过去，和猎物进行搏斗，尽管，我认为它的战斗能力甚至无法超过你饲养的日本老鼠。我应该把斯基普送回家，送给阿奇和昆廷当宠物，他们可以带着它到任何地方去玩耍，骑着"贝特西"或者"阿尔冈昆"。

在捕猎旅行进行到第三天的时候，我们捕获了两只熊，一只长得很漂亮，另一只是老公熊。可它不会爬树，但它会发出"走吠"的叫声，它想把那些猎狗赶跑，就像密西西比人发出的声音，它这样吼叫，是当它面对猎狗的时候。

这次捕猎长达两个小时，最终，我们艰难地爬上了峡谷的一侧，捕猎就结束了。就在老公熊带着一群野兽准备离开的时候，我朝它开了一枪，那一枪射击得很漂亮。老公熊把一只猎狗杀死了，重伤了三只猎狗，另外，它还把两只猎狗抓伤了。我打死了这只大公熊，我很有成就感，我在斯普林菲尔德的打猎工作长达三四十年了，这次竟然达到了顶峰。

让我想想，这个时候一定是你学习最紧张的时候，等你考试结束后，你会有很短的休息时间，我会在 18 日回到白宫，然后，我们就可以团聚了，我们可以趁你休假的时候拿起网球拍打上几天网球，代我向马修问好。

让我分外高兴的是，莫里斯的成绩能这样优秀，每次看到他，我都感到很愉快，我非常希望他能以优异的成绩完成毕业考试顺利毕业。

3. 可爱的草原小姑娘

分水河，科罗拉多，1905.4.26

亲爱的埃塞尔：

你还记得我给你讲过的草原小女孩的故事吗？我总是把你和故事联系到一起。在这次愉快的旅行中，有很多崇拜我的人从远方赶来看我，我要跟随他们，好多次经过荒凉孤寂的草原村庄。在这些人当中，经常会有很多年轻的女孩子，她们长得很漂亮，从我长时间的观察中可以得出一个结论：她们真实的生活要比故事里的女主角们更加快乐。

其中，有一个性格开朗大方的女孩，她走过来握住我的手，她对我讲了很多的悄悄话，然后对我说："我们想和那位警卫握握手。"这位女孩所指的警卫，他的名字叫罗利，此时，他身穿制服，看上去很帅气，她们可能认为，如果拿我和罗利相对比，不论是外貌还是年龄，这位警卫的魅力要超过我这位美国总统。

在这周围有很多的牧场主，他们亲自驾车赶来，就是为了看望我，他们还会带来一块蛋糕或者很多鸡蛋和牛奶，他们对我的态度都非常友好。他们有 20 个人和我一起打猎，他们想看看总统如何开枪猎熊。非常幸运，我们骑马经过了长达 12 个小时的长途奔波，每个人都感觉到疲乏，不过，我却打到了一只熊。

捕猎结束后，大家要分别了，望着他们远去的背影，我真的非常想念他们。

4. 可爱的小狗斯基普

格伦伍德温泉，科罗拉多，1905.5.2

快乐的克米特：

收到你的来信，我非常开心。有件事情我很遗憾，因为你在数学这门课程上学得很吃力，这对你来说是非常痛苦的事情，但我坚信，你会在两个礼拜以后，战胜目前的困难。

这次打猎，对我来说是非常成功的，我们一共打了 3 只山猫和 10 只熊。兰伯特医生身体很好，上个礼拜我的身体却出现了问题，患上了古巴热，这种病折磨了我好几天，不过，我很快就康复了。在那以前，我的身体一直非常健康。

这次打猎，约翰·戈夫送给我一只可爱的小狗，名叫斯基普，刚开始它认生，很快，我就征服了它，成了它的新主人。我一直认为我应该把它带回白宫，送给阿奇。斯基普有个爱好，它喜欢坐在马背上，不管是兰伯特医生的马背上还是我的马背上，它的个头很矮，没有"杰克"的个头大，它很勇敢，看到熊和山猫发生战斗，它就冲了过去，这是一只热衷于战斗的狗。

我相信你一定很想去德特伍德旅行和塞斯·布洛克一起去，你一定会非常高兴，等你们从格罗顿回来，我就写信告诉他这件事情。我现在开始思念你们的妈妈，等到 5 月 12 日，那将是我很开心的日子，那一天，我能回来了，回到白宫我的家，见到你们的妈妈，我会拥抱她。

◖第十一部分◗

总统的趣味生活

      罗斯福结束了科罗拉多打猎之旅后，带着小狗斯基普回到了白宫，虽然他又要为公务忙碌了，可他的生活却充满了乐趣，他会抽出时间和朋友们打网球，带着夫人骑马，在运动中找到快乐。小狗斯基普由以前的猎捕高手变成了白宫宠物，它对新环境还不适应，它更喜欢与阿奇待在一起。回到白宫的罗斯福，开始喜欢上烹饪，他是一位喜欢当厨子的总统，闲暇的时候，他带着夫人来到派因诺特度假，清晨，他会给夫人和自己做一顿有滋有味的早餐，作为总统，罗斯福竟然会喜欢下厨做饭，这让夫人和孩子们特别开心。罗斯福的拿手菜是炸鸡，他的手艺确实不错，孩子们吃到他做的炸鸡，都会连声夸奖厨子爸爸的好手艺。

1. 陪伴总统回家的斯基普

白宫，1905. 5. 14

亲爱的克米特：

我是多么的高兴，在经过了长途旅行以后，我终于回来了。当我看到你的弟弟和你们的妈妈的时候，我真的很开心，但是，我开始想念你了，我亲爱的孩子。

当我回到白宫又要面对那些繁忙的工作，我又要整天忙于工作了，看着那些堆积如山的文件，我的心情就会变得糟糕，但你要相信我，我一定会用很短的时间完成这些工作，接下来，就要面对那些例行公务，其实都是老一套，没有任何新鲜可言。

昨天下午，我抽空去打了网球，马修和默里被我们打败了。今天，我还要外出骑马运动，陪伴我的不是别人，正是你们的漂亮妈妈。

这次我回到华盛顿，是斯基普陪我回来的，它对它的新家——白宫，表现出了很不适应的样子，我估计，它需要一段时间来习惯它的新家，它不肯离开我，总是缠着我。我想，它一定会喜欢阿奇的，阿奇已经爱上了斯基普。你们的妈妈对斯基普的态度非常和蔼、亲切，不过，在她眼里，她认为斯基普没有杰克优秀。无论怎么样，斯基普都可以称得上是一只可爱的小狗。

今天早晨，我和你们的妈妈步行去教堂祷告。过去的那几天，每到夜晚，我和你们的妈妈可以享受幸福的时光，我们来到花园里，在位于喷泉旁边的石椅上坐下来，欣赏夜晚美丽的景色，真的感觉很惬意。我不禁感叹，这里的一切都太美了，室外到处都是浓浓的绿色，看上去让人心旷神怡。

有件事情让我心烦，在芝加哥工会，有人向我提出了很多要求，我个人认为，那些要求都是无礼要求，当时，我也坦诚地向他们表达了我的看法，我认为他们对待事情要有自己的责任，我也谈到了作为工会的成员，要去维护法律和秩序，如果谈判不能解决实际问题，我会派出联邦军队进入芝加哥，不过，除非是危急时刻，否则，我是不会考虑派兵进入的，那样，会让局势更加恶化。

2. 加油，克米特

白宫，1905.5.14

亲爱的克米特：

当我看到你的拉丁文的成绩很优秀的时候，我非常高兴，祝贺你在拉丁文方面取得的好成绩。

你还记得我带回白宫的那只名叫斯基普的小狗吗，它开始了在白宫里的生活，他在这里得到了很好的训练，看起来，它不像一只宠物狗，更像一个小印第安人。假如，斯基普在路上遇到一只熊或者一只山猫走在它的前面，不论是什么样的艰苦的工作，它都能顺利地完成；可惜，它现在只能在白宫待着，它觉得自己整天这样闲待着，没有任何事情可以去做，只能和它的朋友们互相对望着，很快就会成为一只宠物狗。

我希望它不要为此担心，等它和我们一起去蚝湾度假的时候，我可以在骑马的时候，带它一起出去奔跑，它很快就会成为一只奔跑速度极快的小狗。以后，斯基普会有很多的时间和阿奇一起度过。

最近，斯基普和"杰克"之间开始互相嫉妒对方，斯基普非常可爱，对待任何人都很友好。这段时间，你妈妈把弗吉尼亚小屋布置得很温馨，我特别喜欢那个地方，这个小屋的名字我也很喜欢。礼拜天，我计划和你们的妈妈一起去那儿，在那里待上几天。

我刚刚收到了你的考试分数，是乔治捎来的。看来，你在学习方面确实非常刻苦，我替你高兴，我要大声地为你喝彩！亲爱的克米特，继续努力吧，我会为你感到骄傲。

3. 会见多哥军舰的军官

白宫，1905.6.6

亲爱的克米特：

下周的礼拜五，我将会和你们的妈妈一块儿去因诺特住两天，她喜欢那个地方就像埃塞尔喜欢费德里蒂一样。你们的妈妈和我一起去那儿骑过几次马，她感到很开心。假如我不和她一起去骑马，我就会约上朋友或者带上特德一起去打网球。

昨天，我和特德以及他的朋友还有库利先生一起去打网球，我们打了7局，比赛结果，我们以4负3胜的成绩输掉了这次比赛。到了晚上，日本的高下司令官带来了日本的海军军官，一共是6位，这些军官来自于多哥舰队，这艘军舰停泊在亚瑟港外，他们参加过舰队的行动，还参加过鱼雷舰队的攻击。我要告诉你，这些日本海军军官们，每个人看上去都令人生畏，他们都有武士精神，擅长在战场上与对手展开你死我活的战斗。

4. 喜欢当厨子的总统

白宫，1905.6.11

亲爱的克米特：

　　我和你们的妈妈去派因诺特旅行了，这次旅行非常愉快的，我们刚刚结束了旅行，回到了家。那个小地方确实能给我们带来快乐，你能想象得到，那个地方是很迷人的。你们的妈妈去到那里，就像孩子看到了自己喜欢的玩具，她很兴奋。礼拜四，你们的妈妈提前到了那里，礼拜五早晨，我才赶到了那个地方。在车站，好心的威尔默先生前来迎接我，我们一起骑马来到了"圆顶"山，在那里，我见到了威力先生。我们一起喝茶，然后，开车去普莱因迪林，并且在那里吃晚餐。

　　当然，我也很喜欢圆顶山和普莱因迪林这两个地方。至于这两位先生，他们都是我的朋友，他们待人体贴、慷慨和谦逊，谁都想和他们做朋友。吃过晚餐以后，我们一起去了派因诺特，当晚，我们把那里收拾干净后，就上床休息了。

　　第二天，在派因诺特，我们拿出整整一天的时间待在那里。早晨，我做了两样菜，一个是煎鸡蛋，一个是油炸咸肉，你们的妈妈在厨房里忙着烧水，水烧开后就去沏茶，把茶沏好后，轻轻地放在桌子上。这顿早餐很简单，但我们吃得很开心，吃完早餐，你们的妈妈把碗碟清洗干净，很多的家务活都是她做的，而我只是一个打杂的人。

　　吃完早餐，我和你们的妈妈一起去散步，这里的土地面积有 15 英亩，我们在周围漫步，看到了很多温泉，我们欣赏着松树和橡树，接着，你妈妈舒服地躺在吊床上，我开始干起了伐木工的活，砍掉了一些树木，目的是为了能从阳台上看到秀丽的风景。

真正的特色是阳台，它非常宽敞，有整个房子那样长，阳台的顶棚非常高，一直延伸到屋顶。坐在摇椅上，白天，可以听到鸟儿的歌唱，到了夜晚，我能听到猫头鹰和夜鹰以及其他生活在森林里的动物们的歌声，让人身心舒畅。

在房子的里面，有一面墙壁露出来，它的下面有一间非常大的房间，两端都摆放着一个壁炉，看上去非常漂亮，我想，等到壁炉里的火被点燃起来，那就更美丽了。楼梯直通到楼上，看起来非常粗糙，有一条过道把两间房隔开了。

在这里，我们没有仆人，一切的事情都靠我们自己动手，不过，我们需要的食品和牛奶，都是两位可爱的先生送给我们的。我们开始自己下厨做饭菜，这样，不会有人来打扰我们。此时，我们发现了一个问题：洗碗洗盘子会占用我们很多的时间，而我们一天只吃两顿饭，这就是我们想要的生活。

到了礼拜六的晚上，晚餐的食物是我炸的两只小鸡，你妈妈的工作仍然是烧水沏茶，我们还吃了很多野草莓和樱桃，另外，还吃了饼干和玉米面包。最令我开心的事情是你们的妈妈很喜欢我做的炸鸡，并对我的烹饪竖起了大拇指，她认为，孩子们也会喜欢吃我做的炸鸡，并且会给出很高的评价。

夜晚，我们坐在阳台上，看着夜景，心情舒畅，我们坐了很长时间，坐累了，我们就走进屋内读书，读了一会儿，我们感到疲倦了，就上床休息了。第二天的早晨，是礼拜天，我们没什么重要的事情，在床上一直睡到9点钟，才懒洋洋地起床。起床后，我开始做早餐，我煎了几个鸡蛋，炸了一块牛排，我用了两个煎锅，这些食物都是你们的妈妈爱吃的。饭后，我们去做了礼拜。在这座小教堂里，威尔默的父母曾经在这里举行过婚礼。

在普莱因迪林吃完饭，已经是两点钟了，我们去了火车站，坐上返回华盛顿的火车。我们是骑马去的火车站，我骑的是一匹黑色的大马，名叫"酋长"，我们都很快乐。总的说来，我们在这个地方度过了一个很快乐的假期。

在过去的两周里，甚至在相当长的一段时间，我们继续与日俄两国进行双边谈判，另外，我们与德国、法国和英国也进行了单边谈判，设法让苏日战争停下来。我们花费了很多精力，运用了各种智慧和谈判的技巧，日本人和苏联人终于同意停止战争，开始正面的接触，坐下来，一起讨论关于和平的条款。

日俄双方是否能达成和平协议，目前，我还是不敢保证。但是，能够得到这样的一次和平的机会，我付出的所有劳动都是值得的，而得到这次机会的唯一的途径，就是要让日本和苏联这两个国家，能够冷静下来，坐在谈判桌前，讨论争取和平的条款。

我想，日本肯定会提出一些苛刻的要求，甚至是不应该提出的要求，日本会逼着苏联做出让步，这些让步是苏联无法答应的。也许双方都会拿出事实来证明，这些和平条款是不可能实行的。也许会有一方提出的要求是可行的。但是，双方都会寻找机会证明自己的要求是正确的，在目前看来，为了双方的利益着想，唯一的办法就是寻求和平。

不管怎样，我认为，这次的尝试可能是错误的。我一直都在保守这个秘密，看来是非常成功的，值得庆幸的是，没有任何人知道我和日本人之间的秘密交易，这样看来，停战结果会让全世界的人们都会感到惊讶的。

5. 会说趣话的昆廷

蚝湾，纽约，1905.8.26

亲爱的克米特：

有两位医生在这里住了一夜，昆廷友好地向前辈问好，并对他们说，他一直想有机会了解每一个人，而且，他非常喜欢这样做。空闲时间，我带着霍尔去做击球运动，他和菲尔和奥利弗打网球，他们玩了几局，他还和菲尔、昆廷去骑马，他们都很开心。

一艘名叫"普兰奇"的潜艇来到了蚝湾。今天下午，我将要登上这艘舰艇，也许会坐着潜艇下潜到很深的海里。我要告诉你，我坐的潜艇已经成功下潜了 50 分钟，我感觉很有趣味。

昨天晚上，你们的妈妈给阿奇和昆廷读一本名叫《林伍德的兰斯兄弟》的书，我坐在一边听着，然后，我又听了他们两人的睡前祷告。接下来，我轻轻地走进他们的房间，两个小家伙立刻高兴起来，他们拿出了装在瓷罐里的所有动物玩具给我看。我给他们读了诗歌，这些诗歌是劳拉写的，包括《总统如何喝茶》。

这两个小家伙按照这首诗歌的合唱部分，分别给自己取了两个名字，一个叫庞基，另一个叫乔拉宾。然后，我爬到了昆廷的床上，和他们一起玩了起来。我先把昆廷扮演的庞基先生扔到了阿奇扮演的乔拉宾的身上，并用手给乔拉宾挠痒痒。

这时候，"庞基"爬到"乔拉宾"的身上，一边大声喊叫，一边扭动身体，不停摇晃着。此时，我用力把两人颠倒了过来，我举起"乔拉宾"，让"庞基"在下面待着，两个小家伙不停地挣扎着，用力地踢腿，他们把我的衬衣撕破了，我看上去很狼狈。你一定还清楚地记得，在你是个小孩子的时候，我也曾经和你这个小淘气一起玩耍，你也像他们那样，把我的衬衣弄得乱糟糟的。

前几天，一位记者遇到昆廷，他问昆廷一些和我有关的事情，这时，昆廷的样子看上去是那样的和蔼，他作出一副小绅士的模样，有礼貌地回答："是的，先生，我经常见到他，但我不了解他的家庭生活。"

第十二部分

对孩子的忠告

　　罗斯福的大儿子特德来到哈佛大学读书，作为总统的长子，他被记者们发现了，记者们跟踪特德，这让他心生厌烦。特德喜欢体育运动，可那些记者却写了很多针对他的虚假报道，他们随意编造谎言，这让特德很受伤害，他开始愤怒、无奈，他只能写信向罗斯福求助，希望父亲能够帮助他。面对记者对儿子的伤害，1905 年 10 月 2 日和 11 日，罗斯福抽出时间，先后给特德写过两封长信，他在信中告诉儿子：不要理睬那些虚假的报道，按照你自己的生活方式继续生活，该做什么就做什么，不要对新闻记者大惊小怪，要想办法躲开他们的追踪；但是，绝对不要在他们面前发怒，一定要控制自己的情绪，以冷静的态度对待他们，想办法忘记这些不真实的报道带来的伤害。在罗斯福的忠告下，特德学会了很多与记者周旋的方法，渐渐地，他从不良情绪中走了出来，成长为品学兼优的青年。

1. 面对记者的骚扰（一）

白宫，1905.10.2

快乐的特德：

　　你不要理会那些新闻记者对你的追踪和骚扰，不要因为他们对你进行虚假的报道，就放弃了你热爱的体育运动。按照你自己的方式去生活，在大学里，做你想要做或者应该做的事情，尽可能保持低调，最好不要引起记者们对你的过分关注，对那些喜欢跟踪你一举一动的摄影记者们，既不要感到大惊小怪，也不必觉得气愤和痛恨，你应该对他们表明自己的态度，让他们知道，你不喜欢他们打扰你的学习和生活。

　　在公开的场合遇到新闻记者和摄影记者，不要当着他们的面表现出你的悲愤情绪，你要想尽一切办法躲避他们。我个人认为，当你面对他们表现出无所谓的态度时，他们就不会再对你感兴趣。要想办法忘记这些让你不开心的事情。

　　特德，在我的一生中我经历过很多坎坷，我总会尽可能地去忘掉那些让我不开心的事情，没想到的是你也遇到这些让你不开心的事情，记住，一定要尽快忘掉它。星期六的那天，我没有在橄榄球场上看到你奔跑的身影，我心里非常高兴，因为你终于让那些等待你出现的傻瓜失望了。但是，不管在什么时候，只要你看到他们，你就应该明白这样一个道理：他们肯定会写出一些东西，让你的精神经受一次又一次折磨，让你感到很不愉快，但是，你必须咬牙承受。他们用卑鄙的方法来让你痛苦不堪，迫使你把自己关闭起来，甚至你不再愿意做你喜欢做的事情，比如橄榄球，比如其他的事情。我劝你，与其难过，不如用平静的心情去做你自己想做的事情，就当他们都不存在，如果你这样做了，他们很快就会厌倦，这些傻瓜就会明白，本来你就没有任何过错，如果这时候有什么对你不友好的言论，他们反而会对你产生同情。

特德，作为父亲，我想让你知道一件事情，家里的所有人一直都在关心你，支持你，理解你。我对你抱有极大的信心，不过，我知道，虽然这些新闻记者们能让你心生烦恼，让你对未来感到迷茫和沮丧，但是不管怎样，他们没有权力把你从运动场上赶走，或者让你为了迎合他们而改变自己。

我不想对你提起，我们所有的人只要回到白宫都有些烦恼和忧郁。我们对酋长山有着太多的记忆，我们太喜欢那个迷人的地方。既然回到白宫，我就会承认这个事实：其实白宫也很美丽。这时候，我忽然觉得，刚刚过去的那段时间，那些莫名的惆怅和烦恼，现在想起来，竟然有点不好意思对人提起，白宫，我现在开始喜欢它了。

最喜欢白宫的孩子是阿奇，我看到他拖着一条水管，兴高采烈地从网球场上穿过，他要去玩沙箱，那条水管的长度是 50 英尺。工作不忙碌的时候，我会与平肖先生打上几局网球，比赛的结果是 1 : 3，我输了，我只赢了一场球，那是我赢的唯一的一局。

特德，你不是一直想要在外人面前展示你优秀的一面吗，这正好是一次不错的机会。别让那些新闻记者和一些别有用心的傻瓜把你的学习和生活搅乱了，坚持自己的道路，不要动摇，不要放弃橄榄球，在其他的事情上也要坚持下去，坚持才是胜利。但是，一定不要在他们面前做出少见多怪的样子。

2. 面对记者的骚扰（二）

白宫，1905.10.11

亲爱的特德：

你最近给我的来信，我看完了，我很高兴，你现在拥有了属于自己的快乐时光，虽然那些新闻记者和摄像记者还是在不断对你进行追踪报道。我在想，如今，那些让你感到不痛快的事情慢慢会远离你的。虽然那些白痴有时候还会做出某些让你厌烦的事情，但是，我一直在想，从今天开始，你完全能做到不再搭理他们了。

你告诉我你的学业和生活一切顺利，我感到很欣慰。首先，应该为你感到高兴的是，你在学业方面已经有了一个很好的开端，在橄榄球方面也有很大的进步。我想你一定会发现，你要与你们学校的其他对手去竞争端点的位置是非常困难的，因为，在体重方面，他们的体重已经超过了你的体重。

在过完暑假以后，你的情绪处于兴奋状态，也会让你的体重减少很多。与其他竞争对手相比，你体重太轻，这是摆在你面前的事实，这点，对你是不利的，这让你要有更大的勇气去战胜这个困难。从这点来看，在蚝湾的那些日子，你没能过上安静的生活，这对你来说确实是不好的事情。

其实，马球俱乐部的事情也是这样。我年轻的时候，对新生的社交圈子一直持有怀疑的态度，那些竭尽全力想在圈子里出类拔萃的人，后来，都在班级里暗淡无光了，他们不再到处去寻找出人头地的机会。那时候，我在一个特别的场合听到了马球俱乐部的事情。不过，我觉得对我来说是一次偶然的机会。

30 年过去了，如今的大学和我当年的大学已经完全不同，也许，大学里那些优秀的学生已经完全改变了对新生俱乐部的看法，也许，我把我的经验告诉你，你却觉得毫无用处。你还是自己拿出判断是非的能力，去看看班级里那些优秀的学生是怎样看待新生俱乐部这个问题的，你要在大脑中形成一个明确的概念。

　　不要把那些优秀的伙伴看成是没有机会得到发展的人，别管他们在学校是如何受欢迎，如何的让人感到愉快。如果一个学生在学校到处受到大家的欢迎，自然是个好事情，但是，没有必要为了受到欢迎，而牺牲掉自己的学业、体育甚至其他方面的发展机会，仅仅是为了博得那么一点好声望。要记住，有的时候，当一个人过分地去追求声望，反而容易失去它。我说的这些话不是完全指向你，而是说的是在班级里那些声望很高的人，你也会认为他们确实非常不错。

　　在对待这些事情上，作为你的父亲，我只能用写信的方式来对你提出一点忠告。你认识的那些人，他们都了解大学里每个学生的情绪。我希望你在大学里，做每件事都要尽力做好，要体面地生活，在学习方面，一定要成为优秀的学生，在班级里名列前茅，在体育方面，尽自己最大的努力，发挥出你真正的水平，这样，同学们才会尊重你，喜爱你，你只有这样做了，才能赢得同学们的心，所以，你要带着这样的目的加入到他们当中去。为了达到这个目的，你会用什么样的办法，那就看你自己的了，我相信你，你一定能做好。

3. 旅行途中的意外

白宫，1905.11.1

亲爱的克米特：

　　此次南方旅行，我玩得很尽兴，我与约翰·麦克亨尼先生和约翰·格林韦先生一起旅行，真的是一件让人愉快的事情。有你妈妈陪伴我一起旅行，给我带来了很多的快乐。在南方旅行，我们一行人都受到了热情的招待，现在，我非常愿意与你分享旅途中的快乐，总的说来，整个旅行是相当成功的。

　　夜晚，灯塔上的灯光是那样的柔和，在灯塔的照射下，我离开了新奥尔良，走向了海湾，因为那里有一艘巨大的军舰在静静地等待着我的到来。这时意外发生了：当我准备站起来的时候，忽然，我向前方倒去，身体撞在玻璃上，把玻璃撞得粉碎，我从窗口摔了出去，窗户上还留有一道无比锋利的边缘，像锯齿的形状。

　　当我清醒过来的时候，我发现：我受伤很轻微，受伤部位是在脸和手上，只是一点擦伤，但却流了很多血。我心想：我终于可以摆脱劳累的工作，跟随大装甲巡洋舰编队在海上飞驰了。

　　海湾的天气炎热，海上风平浪静，很快，军舰就绕过了佛罗里达，一直向北驶去。就在军舰向北行进时，海上刮来一阵大风。这时，舰队司令布朗森长着一双斗鸡眼，他驾驶军舰的水平很高，他带着巨大的军舰冲进了狂风卷起的大浪中，军舰好似一把利剑，劈开巨浪，快速向前。那些巨浪很高，飞溅到了军舰上，竟然把军舰上的浮桥也洗刷干净了。

　　站在舰上执行任务的军官摔倒在地，他的身体被撞伤了。另一艘军舰上却出现了惊心动魄的一幕，一个人被巨浪掀翻在地，他身体失去平衡，向舰外摔去。我们赶紧紧急搜救，搜寻了90分钟，还是没有找到他，有一艘小艇到海里去搜寻，结果，被巨浪撞碎了，小艇残骸很快被巨浪卷走了。

当我回到白宫的时候，你的姐姐结束了东部的旅行回来了，我们见面之后，她就对我讲起她在东部旅行的故事，讲得绘声绘色，我听了以后，心向往之，也想找时间去东部旅行。在那段时间，她过得很愉快，东部的环境很艰苦，她竟然从没叫苦，表现得非常出色，我为她自豪。

埃塞尔，你的姐姐还像从前那样可爱，你的两个弟弟还是那样的机灵。你的姐姐旅行回来的时候给阿奇和昆廷带了礼物，是一些非常小的日本式样的击剑盔甲，他们看到后兴奋极了，马上穿在身上，然后，他们两个小家伙拿来木制的剑，用双手举着，他们开始练习击剑，样子有点笨。

最有意思的事情，是两个小家伙在幼儿园发生的故事，他们做了一个可怕的南瓜人，竟然用南瓜给这个可怕的南瓜人装上了脑袋，我在他们的带领下去幼儿园看了这个被他们称之为可怕的南瓜人。我觉得他们的确很聪明，这个可怕的南瓜人，它有个南瓜脑袋，还有眼睛、鼻子、嘴巴，这些五官都有模有样。阿奇竟然在南瓜的后面刻上了四个大字：南瓜巨人，还在南瓜巨人的身体里点上了蜡烛，看上去，这简直是一个精雕细刻的南瓜灯，它是那么漂亮，真的是一个不可多得的艺术品。

那天，你们的妈妈在海军船坞等着我，当我到达那里的时候，我从哪个角度看她，都觉得她是一位漂亮的气质高雅的女人。今天下午，我们出去骑马了，当时，我们都很开心。可惜，等我回白宫后，就要开始忙碌了，我想，忙碌的工作又要让我心身俱疲了。

十一月的这个季节，早晨非常舒服，空气清新，适合在花园里散步。吃完早餐后，我和你们的妈妈，还有可爱的斯基普陪伴着，一起出去散步，还有斯利珀，我们在它的脖子上挂了铃铛，当它走起路来，铃铛就会发出悦耳的声音。

花园看上去有点杂乱，很多美丽的鲜花被人遗忘在了那里，但却依然遮挡不住它们的魅力，门廊里，一些忍冬花正在那里悄然盛开。

4. 爱诗的总统

白宫，1905. 11. 6

亲爱的克米特：

　　这封信，我会写得很短，估计只有很少的几句话，那是因为，这个礼拜过得很平淡，没有太多精彩的事情要告诉你。我要做的工作已经做完了，我可以轻松一下了。

　　有件事想起来让我感到不舒服。一天，午餐时间，我们与一位诗人和他漂亮的妻子一起吃饭，那个诗人有点名气，只是他的脸上总是带着一副绝望的神情，我看着他们那副表情，我开始感觉不舒服。当时在餐桌上，我提到了他写的一首好诗，那首诗是他的偶然之作，我对他说话的口气有点高傲，让他感觉我有些傲慢，但是，那位诗人却对我表示感谢，他感谢我在忙碌的工作之余，抽出时间读他的诗。

　　你给你们的妈妈邮寄来的罗宾逊的两首诗，我读了以后很感动，这位诗人给我的感觉是奇怪而且充满了神秘的色彩，有一首描写花园的诗歌，我看不懂，而且我也不清楚，我是否会喜欢你邮寄来的这两首诗，不过，我特别喜欢《夜晚中的孩子》中的某一首诗。我敢肯定，他一定是有诗歌精神的诗人，至于，诗人能不能把他的诗歌精神在他的作品中表现出来，对于这些问题，我也不是十分明确。

　　来自巴腾堡的亲王路易来到了白宫，我见到他非常高兴，我很喜欢和他一起交谈，他不仅是一位优秀的海军将领，而且，他有良好的教养，喜欢读书，知识渊博，我与他谈话，不会产生枯燥的感觉。午餐的时候，我和路易亲王以及他的侄子，海军军官候补生亚历山大亲王共进午餐，我们都很喜欢他们。

　　在国宴上，路易亲王坐在我与波拿巴中间，我一想到，美国海军部长的身边竟然坐着英国海军司令，我就会在心里感到好笑。你知道吗？美国海军部长是拿破仑的侄孙、威斯特伐利亚国王杰罗姆的孙子，而英国海军司令的身世就更加有趣，他是一位名叫黑森将军的孙子，这位将军曾经在杰罗姆国王手下当官，并且曾为拿破仑效力，后来，他却在莱比锡战役中做了一名不光彩的逃兵。

　　今晚，我会离开白宫去投票，信就写到这里吧。

5. 小说与生活
白宫，1905.11.19

亲爱的克米特：

　　你在信里谈到的问题，我表示赞同，我读过尼古拉斯·尼克贝的小说，关于小说，我想谈谈我的看法，我读小说，只喜欢读大团圆的结局。你在信中对我说，如果小说中的主人公要死的话，就应该把他的死表现得非常高贵，让人看了以后对他产生敬佩之心，我同意你的看法。

　　如果小说的结尾用这样的手法去描写，读者看完小说后，心中会充满喜悦和骄傲，悲剧对读者造成的压抑的情绪就会被缓解，当主人公勇敢地面对困难，圆满地完成了某种任务，并且在工作中尽到了自己的职责，每个读者都能从字里行间感受到喜悦。

　　其实，在现实的生活中，会出现很多令人感到痛苦、悲伤、耻辱的事情，这些事情，并不一定在小说中才能找到。作为一名警察总长，他的职责就是正确处理好各种突发事件和各种痛苦的事情，如果作为警察总长，总要想尽办法去逃避他应该做的事情，在我看来，他简直比胆小鬼还可恶。

我个人认为，阅读这种描写痛苦不幸和悲惨罪恶的小说，对我来讲，没有任何用处，我可以这样说，我不会拿出很多的时间去阅读这样的东西。有时，我会看一些小说，虽然结尾讲述的是一个悲惨的故事，但是语言很有感染力，读起来让人欲罢不能，文笔很好。但是，通常来说，那些能从小说中找到乐趣的健康人，他们所读的小说，里面没有任何的甜言蜜语，有时候，小说里也会对苦难和邪恶进行描写，同时，小说里也会描写高贵和快乐。

转眼，华盛顿到了秋季，我们这里的秋天给人以温和的感觉。在这个季节里，我最爱好的运动是打网球，我打得很开心，我现在已经有了一位很固定的网球伙伴了，他是法国的一位大使，我们喜欢一起玩，那是因为我们的网球水平差距不大，分不出谁高谁低。

我和你们的妈妈总会抽出时间出去骑马，上周一，你们的妈妈去纽约了，非洲猎手瑟罗斯来到白宫看望我，他在白宫里住了一天一夜，在我眼里，我觉得他很完美，他生性纯朴、善良，而且很有趣。到了下午，我们很多人一起去爬山，这些人中就有瑟罗斯，还有迈耶大使和吉姆·加菲尔德，爬山后我们感到很舒服。

后来，他们到白宫和我一起吃晚饭，在我们吃晚饭以前的这段时间，我请瑟罗斯给埃塞尔、阿奇和昆廷讲土狼和狮子的故事，他们听得非常兴奋和激动，瑟罗斯用了一个小时三刻钟的时间，才把这些好听的故事讲完。他讲得生动有趣，让小家伙们陶醉在野生动物的世界里，不能自拔，甚至到了第二天的夜晚，等瑟罗斯走后，他们要求我再讲一些关于狮子和土狼的故事，我只好又讲了一些野生动物的故事。

今天是昆廷的生日，他收到很多礼物，他非常喜欢这些礼物，他觉得最好的礼物是他收到了一只活蹦乱跳的小猪，那是斯特劳斯送给他的。菲尔·斯图尔特和他的妻子还有孩子沃尔科特，他们在白宫住了两晚，沃尔科特和阿奇一样大。

一天下午，我们一起玩捉迷藏的游戏，加菲尔德先生和他的孩子们被我们打败了，突然，阿奇带着他组建的橄榄球队出现了，他们的橄榄球队没有进行任何比赛，他说是因为特殊的原因。我们开始玩起了障碍赛跑、捉迷藏以及其他各种有趣的游戏。有几次，一大群孩子从不同的方向跑过来，然后，他们用极快的速度向楼下冲去，他们从各种物体中翻越过去，就像一群羚羊。

每天吃完早饭以后，我和你们的妈妈都会去散散步，我们会在白宫花园里走一走。可惜，眼下的花园看起来很杂乱，很多金鱼草在花园里生长，在我看来，它非常耐寒，适合在冬天生长，而其他的花都会在冬天来临时凋谢。

6. 珍贵的圣诞礼物

白宫，1905. 12. 19

亲爱的多莉：

首先我提前祝您圣诞快乐，随信给您寄去 20 美元的支票，这是我的一份心意，您可以用这 20 美元买点您喜欢的东西。您不再作我的保姆，我心里仍然牵挂着您。还记得您照顾我的时候吗？时光飞快流逝，转眼过去了 40 年，还记得当年的我吗？那时候我只有 7 岁，还是个不太听话的小男孩，现在的昆廷比我当年还大一岁。

我真的希望您能抽出时间来白宫看看，看看孩子们在白宫里玩耍的可爱的样子。华盛顿下了三天的雪，阿奇、昆廷和他们的堂表兄妹们以及约翰·埃里奥特先生家的小姑娘海伦娜，他们在白宫后面玩耍，他们会玩各种好玩的游戏，都跟雪有关系，比如，滑雪、打雪仗、堆雪人之类的游戏。

这个周六的下午，我已经答应他们的要求了，我要和他们在白宫里一起玩捉迷藏的游戏，不仅仅是我们家的孩子们，他们还要带上自己的好朋友。

7. 多拉与萨克雷

白宫，1906.2.3

亲爱的克米特：

　　你的信我读了，在信中，你谈了很多关于你阅读《大卫·科波菲尔》这本小说的一些看法，我对你提出的一些观点表示赞同。在这本小说里，狄更斯塑造了很多女性的形象，比如，机灵富有魅力的多拉，像她这样的女人，我无法预测，她能否在婚后的生活中赢得丈夫长期的尊重，让她过上她想要的那种舒适的生活。

　　这是我对一部小说中的女人作出的批评，看起来有些苛刻。在现实生活中，我认识很多像多拉这样的女人，我总觉得，她们要比她们的丈夫们还要优秀，她们有能力把家庭建成一个温暖的爱巢，让自己的家庭看上去是那样的幸福美满。

　　我个人觉得，作为一个男人，如果不得不为了生活而拼命工作，养家糊口，那就拿出勇气和拼劲，勇敢向前冲，但是，如果这样类型的男人要找女人做妻子的话，最好选择像索菲那样品性的女人。

　　你还记得这本书里对索菲的描写吗？当大卫·科波菲尔与特拉德勒斯一起出席晚宴的时候，他们坐在餐桌旁边，这时候，狄更斯用形象的语言描述了两个女性，一个是这样描述的："在红色天鹅绒女士的耀眼光芒中"，另一个被描述成"在哈姆雷特的姨妈的幽暗中"。你告诉我你喜欢的是萨克雷的小说，我很高兴。很多小说我都反复读了很多遍，这些小说是《潘登尼斯》《名利场》和《纽可谟一家》，这些小说写得非常好，我推荐你读一读。

今天，特德回来看我们了，在我意料之外。我估计这个学期他的学习成绩肯定很好，目前，他只有一门功课没有通过考试，我希望他能更加努力学习。我和特德都很希望，你能参加一些体育运动，这对你的身体很有益处，能让你的体格更强健。比如，你可以选择去打曲棍球或者去跑步，跑完一英里，你会觉得对你来说是个很好的锻炼，锻炼你的意志和你的耐力。我知道，这点路程对你来讲太短了，你可以玩一种名叫猎犬追兔子的游戏，当你考上哈佛大学的时候，你就可以有更多的机会参加两英里跑。

这段时间，天气一直很暖和，今天又变得寒冷起来。昨天，我和你们的妈妈还是外出骑马了，我们感觉很快乐。今天下午，特德也加入了，我们三个人一起外出骑马，都很开心，特德骑的马名叫"格雷·道恩"。这段时间，我们参加了很多宴会，简直像走马灯，因为你姐姐要结婚了，等你姐姐的婚礼结束以后，这些宴会也就宣布结束了。

8. 乐于助人的阿奇

白宫，1906.3.11

亲爱的克米特：

你在信中谈到你对萨克雷和狄更斯的作品的观点，我对你提出的观点完全同意，虽然，对待萨克雷的某些作品，我和你还是有分歧的，你喜欢的作品我可能并不喜欢。你们的妈妈非常喜欢萨克雷的作品。顺便说一下，你们的妈妈经常会给阿奇和昆廷读《蒙特罗斯的传说》，她读得悦耳动听，两个小家伙听得聚精会神。你们的妈妈发现一个问题，阿奇和昆廷不会同时喜欢一本书或者同时关注同一件事情，两个人的性格不同，所以就会有不同的喜好。

前天，阿奇做了一件非常了不起的事情，让我感到无比自豪。事情是这样的：那天，在西德维尔先生的学校外面，有几个大男孩在那里打棒球，这时候，一个男孩子被飞过来的棒球击中了眼睛，男孩子的伤势很严重，鲜血直流。很多孩子都被吓坏了，傻傻地站在那里，都没有了主意。当西德维尔先生走过来的时候，男孩子们全都逃走了。

此时，阿奇没有逃跑，他对西德维尔先生提出建议，他说：马上把男孩送到威尔默医生那里去治疗。说完，阿奇飞快骑上自行车，很快，他就来到了威尔默医生那里，告诉医生，有个男孩的眼睛受伤了，需要治疗，可他没办法带他来看病。

威尔默医生听完阿奇的话，却对他说：我不知道男孩在哪里，我给你一个任务，你一定要把受伤的男孩带到这里来看病。

于是，阿奇骑上自行车回到学校，带着那个受伤的男孩，把他送到了威尔默医生的诊所里。威尔默医生给男孩的眼睛做了处理后，就把他送到了一家医院，这段时间，阿奇没有离开，一直站在外面等候，直到男孩被送到医院治疗后，他才回到了家里。但是，我无法理解的是。西德维尔先生为什么不把受伤的男孩送到诊所去，而要让阿奇去做这件事情呢？

后来，威尔默医生把阿奇助人的事情对我讲了，他说，如果阿奇没有及时把男孩送到诊所做伤口处理，那个比阿奇大了四五岁的男孩，他的眼睛就会再也看不到这个世界了。

再说说有趣的事情，对阿奇和昆廷来说，一只沙箱是他们最喜欢的玩具，对他们来说，那是一个好玩的地方。在阿奇和昆廷的空闲时间里，他们都在不知疲倦地玩着他们的大玩具——沙箱。每当我和议员发生争吵的时候，我都会把视线移到窗户的外面，这时就会有两个淘气的男孩正在聚精会神地挖洞，然后再用沙子堆成小山。

信就写到这里吧，快乐的小家伙，跟我说再见吧，这个礼拜，我会想念你的，在你的成人典礼上，你们的妈妈会在你身边陪伴你，这让我感到非常欣慰。

9. 与孩子们打闹的总统

白宫，1906.3.19

亲爱的克米特：

　　你们的妈妈又去远行了，她离开白宫已经有 4 天了，在这段时间里，我会每天坚持花费宝贵的时间来陪伴孩子们。阿奇和昆廷，他们两人成了最好的玩伴。一天夜晚，我顺着楼梯走上去，我看见昆廷正坐在那里弹奏自动钢琴，琴声悠扬动听。此时，阿奇从大厅的另一头跑了起来，同他一起奔跑的是两只可爱的小狗，阿奇以极快的速度在整个大厅里奔跑，从大厅的这一头跑到另一头，然后再快速地跑回来，就像短跑运动员那样奔跑。

　　前几天，我和阿奇、昆廷抽出时间，在他们的房间打闹了一阵。那天早晨，我走进了他们的房间，阿奇和昆廷正在一起玩耍，看起来他们玩得很开心，他们快乐的笑声传进了我的耳朵里，只见阿奇用两根毛织的缰绳绑在他的吊杆上，然后，他挥动着吊杆，开始用吊杆赶着昆廷向前走，就好像放羊的孩子。当他们发现我的时候，两人开始与我打闹，我会拿起枕头砸向他们，他们也学我的样子，拿起枕头朝我砸来，就这样，枕头大战开始了，一般我们会玩 5 到 10 分钟，我们会一起去你们妈妈的房间待上一会儿，我会给他们读书，读那本名叫《蒙特罗斯的传说》的书。

　　昨晚，我刚刚给他们俩读完这本书。这时，你们的妈妈远行回来了，斯基普和杰克摇头晃脑，围着你们的妈妈又蹦又跳，热烈欢迎她回来。今天早晨，你们的妈妈刚刚吃完早餐，斯基普和杰克就跳到了她的床上，它们舒服地躺在她的床上，早餐和午餐，她都没有到餐厅去吃饭，她正准备去巴尔的摩，她去那里是要和波拿巴夫妇一起度过一个美好的夜晚。

我得知你正在阅读《菲尼亚斯·芬恩》这本书，我也对这本书产生了浓厚的兴趣，我已经给自己买了这本书。另外，我还买了几本德昆西的作品，我买这几本书的目的很简单，我发现一个问题：白宫的藏书室里竟然没有这几本我想看的书。

10. 孤单的总统和小狗

白宫，1906.4.1

亲爱的阿奇：

你们离开白宫后，斯基普就没有亲人在身边了，它变成了一只孤独又可怜的小狗，它非常非常期盼着你们回来与它快乐玩耍。斯基普总是在我吃早饭的时候，跑到楼上看我，我通常在我房间外面的大厅里用早餐。此时，斯基普跑了过来，它站在我的身边，抬起爪子，慢慢地放在我的膝盖上，看着它那可怜的样子，我不禁感叹起来：空荡荡的白宫，只剩下孤单的总统和一只孤独的小狗。

吃完早餐以后，是我的晨读时间，我开始坐在摇椅上，读书 15 到 20 分钟，这时候，斯基普会纵身跳到我的膝盖上面，并且会一直待在我的膝盖上，不肯下来，因为，偌大的白宫，它只剩下我这个亲人了，它不想失去我。

白天，我工作忙碌的时候，它会选择和门房的人安静地待在一起，因为我工作很忙，忙得没有多余的时间来陪伴它，也没有时间来加深我们之间的友情。那只名叫杰克的小家伙，它整天不回家，它只喜欢待在外面，我现在已经无法想象，它变成了什么模样。

亲爱的埃塞尔:

白宫里新来了两匹马,从它们进入白宫那天开始,我就没听它们说过话,我相信,假如这两匹马会有明显变化,会有那么一天,我能听到它们说话。假如减去 20 岁的话,我是个年轻的小伙子,我会认为,这两匹马是多么的适合我,不过,现在对特德来说,新来的那匹马更适合他。在目前的情况下,假如我和它待在一起,不管什么时候,只要它在路上与汽车相遇或者它遇见一个在它看来很特别的东西,它就会停下来不走,我要花费一两个钟头的时间来让它继续前行。这时候,我就感觉自己变成了马戏团的演员,在路上,来了一次公开的马戏表演。

说实话,我不想要这匹马。对我来说,最适合我的马,还是老"拉斯蒂",我觉得它是最好的马。今天下午,我正打算骑着它和洛奇参议员一起外出,我觉得它会表现得不错,看上去它的精神状态很好,那是因为它已经在马厩里待了三天的时间。今天,是一个春暖花开,阳光灿烂的日子。

我时常会想起 3 月里那些有雨有雪的寒冷的日子,时常是风雪交加,温度降低,那些日子随着阳光的到来,已经消失得无影无踪了。今天,我们一起出去,我们会感到开心和愉快的。此时,我开始思念你们的妈妈和你们这些可爱的孩子们,不过,我相信,你们一定都过得很开心,当你们看到哈瓦那的时候,我为你们的快乐旅行而感到高兴。

亲爱的昆廷:

自从你们离开以后,白宫里没有了你们的身影,显得是那样的又大又冷清,我看着空荡荡的白宫,耳边还回响着你们欢乐的笑声。

那些可爱的小猫们和"斯利珀"都很好,你们不用担心,等你们回到白宫的时候,可爱的小猫们会长大了,那时候,你们可以去和它们亲密接触了,它们会让你们感到满意的,尽管它们看起来还是很小的样子。我非常非常想念你们,牵挂你们,我整日待在白宫这个地方,感到特别孤单,因为,除了我之外,就再也看不到另外的人了。

　　每天，每时，每刻，我的眼前到处晃动着你们快乐的身影。我再也听不到你们这些小淘气到处跑动和叫喊的声音，每天早晨，在我醒过来准备穿衣起床的时候，再也没有你们站在门外大声吵闹的声音了。我在办公室工作，当我猛地把目光投向窗外的网球场的时候，再也看不到你们在那里玩沙箱的身影或者是奔跑的身影，我想告诉你们，我爱你们每个孩子。

◄第十三部分►

有爱心的总统

　　从 1906 年春天到深秋，作为总统的罗斯福做了很多有爱心的事情。在复活节那天，罗斯福在白宫草坪上给孩子们举办了规模很大的滚蛋比赛。游戏规则很简单，大人们不能参加比赛，不准进入孩子们比赛的场地，只能在外面观看比赛的过程；孩子们在草坪上进行滚蛋比赛，这让那些平时被大人们看管的孩子们轻松了很多，这是属于孩子们的节日，每个孩子的脸上都洋溢着灿烂的笑容。罗斯福做得最有爱心的事情，是他救了一只小猫。一天，罗斯福要去教堂做礼拜。在路上他发现了一只流浪的小猫，他抱起小猫，到处询问，最终，他把小猫送给了一个黑人小女孩，给小猫找到了一个好主人。罗斯福用自己的行动告诉孩子们：爱动物、爱孩子、爱祖国、爱人民、从小爱到大爱，这就是爱的真谛。

1. 总统的新马罗斯维尔

白宫，1906.4.12

亲爱的克米特：

　　最近阿奇又有了一只名叫圣伯纳德的小狗，它出生已经7周了，它是一只特别可爱的小狗，你一定能想象得出它有多么可爱，它全身柔软，长着一个很大的脑袋，阿奇总是喜欢抱着它，然后在白宫里到处走，好像是在到处炫耀他养了一只非常可爱的宠物狗，我们全家都很喜欢它，它是白宫里最受欢迎的狗。

　　白宫里新来了一匹马。它名叫罗斯维尔，这名字我觉得很好听。昨天，我第一次骑上了这匹新马，李上尉不放心，他骑着拉斯蒂紧紧跟在我的身边，做我的贴身保镖。让我给你介绍一下罗斯维尔，它还不到4岁，从年龄上来说，它应该是幼马，别看它年纪不大，但它的精力却很旺盛，可惜，它不是我现在需要的那种类型的马，因为它太小，需要主人去调教它，我太忙了，没有时间去调教一匹幼马。

　　我不想让警卫官去骑罗斯维尔，因为他还没学会如何与它相处，不过，警卫官如果不骑罗斯维尔，恐怕他就没马骑了，因为，白宫的马厩里除了罗斯维尔，再也没有别的马了。罗斯维尔看起来总是很害羞的样子，胆子不大，长相漂亮，它在跳跃方面非常出色，当它奔跑和跳跃的时候，骑手根本无法勒住缰绳，当它走在路上和汽车相遇的时候，它就更加羞怯了。

　　不过，我一直认为，它会改掉这些坏习惯，如果，我能让李上尉来调教它，只需要两个月的时间，它就会成为一匹优秀的马；如果我和特德有足够的时间，在蚝湾骑着它散步或者奔跑，它一定会变成一匹好马。

每天早晨，在院子里，我会和你亲爱的妈妈一起散步，这是我们一天中最美好的时刻。春天来了，白喉雀、知更鸟和歌雀都从北方飞回来了，它们在白宫的树上安了家，每个清晨，它们都会放声歌唱，它们是最热爱歌唱的鸟儿，全身心地投入。每天，它们就像定时的闹钟一样，用它们动听的嗓音把我们从睡梦中唤醒。

2. 复活节的滚蛋比赛

白宫，1906.4.22

亲爱的克米特：

告诉你个好消息，特德的眼部手术非常成功，他的眼睛已经康复了，眼珠很灵活，看起来还是那么富有魅力。但是，做完手术的眼睛当然无法和以前的眼睛相比，看他的精神还是愉快的，我已经很欣慰了。特德的眼睛好了，他返回哈佛，继续完成他的学业。

阿奇和昆廷的日子很轻松，他们整天围着沙箱忙碌着，看到他们开心的样子，我的心也开始活跃了，真想像他们那样玩耍。每次，当我的视线穿过网球场，看到他们的时候，我就想：那只沙箱，是上帝赐给这两个小家伙的最好的礼物，对他们来说，那是一笔可贵的财富，那是他们的珍宝，拿什么东西都无法与他们交换。

复活节过后的第一个星期一，我们邀请了很多孩子来白宫，他们在草坪上要进行一场传统的游戏——滚蛋比赛。最初的滚蛋比赛是在国会山举行的，1878 年，地点移到了白宫的草坪上。

当我看到来自全国的儿童们来到白宫的草地上，他们拿着特制的勺子，用长勺子把鸡蛋滚动起来的时候，我就感到非常快乐。比赛定在下午一点钟开始，所有人都去观看滚蛋比赛。滚蛋比赛是孩子们的盛大节日，今年比往年的规模都要大，比赛中，到处是孩子们的笑声，没有发生任何不愉快的事情。

白宫的苹果树开花了，甚至那棵很大的弓形苹果树也开花了，白色的花朵颤巍巍地挂在枝头，微风吹来，苹果花散发出诱人的芬芳，在这美丽的风景下，我和你们的妈妈坐在石椅上，这个石椅位于弓形苹果树下面，我们的身旁是喷泉，泉水不停地喷出来，非常有趣。告诉你一个秘密，你们的妈妈最喜爱这棵弓形苹果树，原因我也不知道。

自从你走了以后，昆廷就开始写诗了，我怎么也想不起来，你看过他写的诗吗？在我眼里，昆廷是个特别有趣的孩子。前几天，在这里，发生了一件可怕的事情，我们坐在一起讨论这件事情，事情是这样的：在乔治敦的一条河里，一位年轻男人带着一个姑娘一起去划船，那天，船不小心翻了，姑娘掉进河水里溺亡了。让人没想到的是，年轻的男人回家以后，他给姑娘的父母写了一封信，用快递寄给了姑娘的父母，把姑娘溺亡的事情告诉了她的父母。

我对年轻男人用快递给女孩父母送信的这种做法非常憎恨，看到我们的神情，昆廷却慢慢地走到我们身边，脸上带着沉思的表情，轻声说："是的，这个年轻男人做了一件傻事，他浪费了 10 个美分。"接着，昆廷沉默不语，很快，我们就打破了沉默。我们想把这件事的严重性说给他听，我对昆廷说：我们反对这个年轻男人的做法，不是因为他浪费了 10 个美分，而是他太没人性了。昆廷听完我们的话，再也没反驳，他去做自己的事情了。

现在，当我穿行在家和办公室之间的时候，阳台上的风信子开花了，那些花朵都是五颜六色的，香味浓郁，于是，你们的妈妈，她做了一件有趣的事情，她摘下风信子的花，然后找到一个精致的盒子，放在里面，最后，她把装着风信子花朵的盒子轻轻地放在低矮的石墙上面，那是她珍藏的春天送给我们的礼物。

3. 在华盛顿出生的地方

白宫，1906.4.30

亲爱的克米特：

礼拜六的下午，你们的妈妈决定让我摆脱忙碌的工作，让我好好地休息 36 小时，于是，我听从她的安排，坐上西尔夫号，开始享受生活，一起度过让人快乐的 36 小时。在船上，你们的妈妈坐在我身边，她还像从前那样年轻漂亮，甚至比以前还要漂亮。

到了礼拜天，船靠岸了，我和你们的妈妈走到岸上，在那里待了 4 个小时的时间，并且在那个地方吃了午饭，接着，我们开始散步，一会儿就来到了华盛顿纪念碑前。

在华盛顿纪念碑前，我们久久站立。我想起，华盛顿出生在一幢老房子里，而他出生的地方就在这里。华盛顿出生的房子被人为毁坏了，只剩下一根根像柱子形状的石碑，看上去是那样的简朴。房子里所有的东西都没了，令人感到既奇怪又伤感。华盛顿的房屋已经被人为烧毁，最少有 100 年了。但是，在这片土地上，盛开着很多很多五颜六色的鲜花，我猜想，难道这是那些有着悠久历史的鲜花的后代吗？

不远处，我们发现了水仙花和一棵叫不上名字的蓝色的花儿，风儿吹来，这些花儿散发出淡淡的清香，仿佛把我们带进花的王国，让我们感受到清新的气息，此时，我们觉得，是否该把这些花儿采摘下来，然后，把它们和薰衣草放在一起，放到装着老亚麻布的柜子里，让老亚麻布沾染上一点儿自然的纯美的香气。

最特别的是水仙花，它的生长速度是很快的，当水仙与野花混合在一起的时候，水仙花要比野花更加亮眼，就像圣诞树上那灿灿放光的圣诞星。这个地方非常可爱，我们站在海岬上，看到了波托马克河的河口，它是那样的辽阔，河水奔腾不息，向前奔涌。

回头再看看华盛顿家族的那些老墓地，华盛顿的父母和祖母的墓碑，就矗立在这块土地上，现在，这些墓碑都已经成为一片荒凉的废墟。

此时，天气晴朗，阳光灿烂，温暖的阳光照耀着我们，我们的心情由阴转晴，我们在这块有着辉煌历史的土地上散步，开始愉快起来。很多鸟儿开始歌唱，这些唱歌的鸟儿种类很多，能叫出名字的鸟儿分别是嘲鸫、北美红雀和野雀，它们的歌声在广阔的大地上回荡。

我们赶在天黑之前来到了河边，登上了西尔夫号，昨天夜晚，我们返回了白宫。我们把对华盛顿的思念留在了我们的记忆深处。

今天清早，我和你们的妈妈，还像平常那样，在白宫的草坪上，愉快地散步。白宫的鲜花盛开了，一年又一年，花开花谢，我更加喜欢这些美丽的鲜花。眼前看到的鲜花，估计是它的黄金时段，这些美丽的鲜花会在草坪上继续盛开两个月，到了六月底，这些鲜花将会慢慢凋谢。

你还记得白宫里的那些花儿吗？七叶树，山茱萸，紫丁香，每一朵花都有自己的颜色，自己的香味和自己的性格，它们生长在灌木丛中，我觉得它们是白宫里可爱的植物，排在第二位的可爱之花当然是铃兰，它也有自己独特的性格和颜色，铃兰的美绝对不是那么娇艳。

此时，这封信是我在办公室里口授的，看窗外，一场热闹的游戏正在上演，阿奇这次被水管淋湿了，像一只落汤鸡。刚才，我发现阿奇又跑去沙箱那边拿水管玩了，这次，他拿着水管在头顶上挥动，然后，他就要快速跑开，躲避水管里的水把自己淋湿。前两次，阿奇都成功逃脱了，没有一滴水落在他身上，第三次，他没有逃跑成功，他变成了湿人，就像一只落汤鸡。我把他叫到办公室来，我看着水珠从他的身上落下来，他的样子简直太狼狈了。

我想，在你见过的很多男孩中，恐怕很难再找到像昆廷这样有趣的男孩了，他很有独创性。昨天，照顾他的小姐在盘子里发现了一大束的鲜花，花束里还有一张字条，上面写着：这些美丽的花朵是仙女送给你的，谢谢你照顾了两个非常好的小男孩。

埃塞尔越长越可爱了。

4. 关于狄更斯的讨论

白宫，1906.5.20

亲爱的特德：

最近一段时间，当我得知你和某某针对狄更斯的作品展开激烈讨论的时候，我对此感到很高兴，也有兴趣与你一起探讨这个问题。

说句实在话，狄更斯在小说中所描绘的人物，具体来说，他表现的不是人物，而是人物的性格特点，他作品中的每个人物，都无法在现实生活中找到他们，但是，萨克雷笔下的人物，却很容易在生活中找到人物的原型，这些人物所具有的性格在现实生活中也能遇到。

狄更斯作品中的人物，他们的结局就像班扬作品里的人物一样。比如，杰斐逊、汉尼拔等，从他们身上，读者能看到美国现实生活中某些人不良的思想倾向，我看到他们的形象和故事，很快就能和报纸编辑、美国议员甚至是歹徒联系到一起。我在生活中从没有见到像尤利娅这样的人，但是，我在他的身上可以找到很多人的特性，其实，这个人物的形象是狄更斯用奇妙的手法，把所有的人的特性综合到一个人的身上，这就是，在文学作品的创作中，作家经常会用到的一种表现手法：杂成种种，合成一个。采用这种手法，描写人物很容易获得成功。

再说说其他的人物，比如，尼克贝夫人，这种人物在现实生活中根本无法找到原型，塑造这个人物采用了强化的手法，在她身上，赋予了很多现实生活中真实人物所拥有的性格特征。每次，当我在生活中遇到类似这种性格的人的时候，我都会想起尼克贝夫人。

我个人认为：狄更斯的书，与他同时期出版的书相比，给读者塑造了更多典型的人物形象，而这些人物形象，也就是我们经常在身边见到的那些受过教育的普通人。

5. 难忘酋长山的那些时光 （一）

白宫，1906.6.11

快乐的埃塞尔：

白宫里发生了很多改变，你知道吗？对于发生在白宫里的这些改变，我特别开心，这是一件好事，我迫切地想要看到这样的改变。那是因为，白宫是我工作和生活了很多年的地方，我对这个地方心存感激。但是，白宫再好，也无法与我的老家酋长山相媲美，在我的心中，我的家乡是世界上最美丽的地方，在老家，所有的东西都归我们自己所有，在那幢老房子里，珍藏着我们所有的记忆，酋长山是我心中永远无法忘掉的故乡。

6. 难忘酋长山的那些时光 （二）

白宫，1906.6.17

幸运的埃塞尔：

收到你的信我很开心，这封信我读了两遍，边读边乐。上帝啊！你在信中提到的老家的阁楼带给你的快乐，我有同样的感受。我知道，当你爬上阁楼，并且在那里找到属于你的快乐的时候，你会感觉到你是一个快活的孩子，那些过道有很多的拐弯，当一个孩子把自己藏在阁楼，等待大人来寻找的时候，心里就会特别兴奋，你把这种感觉称之为犯罪般的喜悦，你说你已经兴奋得全身颤抖。

就在此时，大人们却在焦急地等待自己的孩子出现在某个仪式上，尽管那个仪式对孩子来说是让人厌恶的。此后，那些曾经让你觉得心爱的宝贝，现在差不多都被忘掉了，还有内心深处珍藏的那些对和平与战争的记忆，以及对儿时伙伴的回忆，全部浮现出来。

你说回到阁楼，你甚至有了心灵感应，对于你的说法，我没有感到吃惊，有很多东西，是我们还没有了解清楚的，但我感觉很真实。唯一给我带来麻烦的是，经常，人们会看到，所谓的心灵感应是一种造假的行为。

老"布莱斯坦因"变得年轻了很多，看上去充满青春的朝气，而且非常健康，这都是乐队的功劳。我永远不能忘记，每次，当我与一位意大利人相遇，看见他一只手摇着风琴，另一只手牵着熊的时候，这种表演，总是能让人对动物的生命产生浓厚的兴趣。不过，这个组合虽然很好，如果让大熊"瑞瑙恩"看到了，它肯定会有马上自杀的愚蠢的想法。

得知你即将去主日学校当老师我很高兴。我记得我曾经对你说过，当年，我曾在主日学校当过7年的老师，我教的是一个传教班，花费了我很多的时间，我无怨无悔，我的学生们都很年轻，看着他们的样子，带给我很多的生机和活力，更带给我很多的快乐。

7. 勇救小猫的总统

白宫，1906.6.24

亲爱的埃塞尔：

今天，我步行去教堂，斯隆内在我后面紧紧跟随着，我们之间的距离大约有 50 码。此时，一只小猫正从人行道上走下来，忽然，有两条小猎犬飞跑过来，它们向小猫发起进攻。我手里拿着雨伞，驱赶那两只小猎犬，猎犬见我手里的"武器"，立刻叫着逃跑了。

这时候，斯隆内走过来，他用力地抓住了这只小猫，我用同情的目光看着它，它看起来对人很友好，它对人类的照顾早已习惯了，它已经不懂得自己照顾好自己。我抱着小猫向所有围观看热闹的人询问，这到底是谁家走丢的小猫，谁也不知道。我又去询问住在附近的人，他们也不清楚，他们都张开嘴巴笑着，有人说：他根本就没见过它。

无奈，我只好抱着小猫继续朝前走去，昂首挺胸，走了大半个街区。就在此时，一个长相漂亮的黑人妇女领着一个黑人小女孩推开窗户朝窗外看，这时候，我发现，这幢房子的门上，竟然贴着很多的裁缝广告，看起来，是个很可爱的小房子。我立刻转过身来，大步地走上台阶，抱着这只小猫问她们：你们想不想要这只可爱的小猫？她们回答说愿意收养这只小猫，小女孩跑出来打开房门，脸上带着快乐的表情，她把小猫接了过去，抱在怀里。

我很开心，我做了一件好事，帮助流浪的小猫找到了一个温暖的家，于是，我迈开大步，继续朝教堂走去。

特德现在已经很有派头了，他怎么还不出现在我们的面前？他那个亲爱的妹妹是不能凭借她的能力去试图减少他脑袋的尺寸的。也许，她需要父亲来帮助她吧。

8. 小家伙们的体育运动（一）

蚝湾，1906.8.18

亲爱的克米特：

现在，昆廷看起来更像一个快乐的哲学家，他游泳的时候像一只小鸭子，他很喜欢骑马，而且骑得相当好，有时候从马上摔下来受了外伤，他从来不抱怨，我觉得，他越来越有男子汉的样子了。

阿奇的精力和时间花费在帆船上面，前几天，当我和你们的妈妈在河上划船的时候，阿奇正在开船，那真是非常有趣的一幕。阿奇的帆船更像一只小木鞋，颜色是黑色的，船上挂着帆，那就是帆船了，船员只有三个，一个是阿奇，一个是阿奇最喜欢的玩伴，他是西尔夫号的一名水手，第三个你猜猜看会是谁呢？它不是人类，它是一只名叫斯基普的小狗，那是一只又机灵又有警犬般警觉的小狗。

9. 小家伙们的体育运动（二）

白宫，1906.10.23

亲爱的克米特：

现在是秋季，阿奇带着机灵的斯基普在白宫的地板上开始了障碍赛跑，阿奇把双脚叉开，俯下身子，斯基普被他牢牢地夹住了，夹在他的两腿之间。接下来，阿奇会说："运动员请做好准备，预备，跑！"

阿奇喊完口令，他伸出手掌向斯基普的后背推去，他快速地奔跑，跑到大厅的另一头，斯基普在朝着阿奇确定的目的地奔跑之前，斯基普会用它的脚爪，在光滑的地板上像一只野生动物那样疯狂地爬着。等到斯基普跟在阿奇身后不停奔跑，阿奇已经在斯基普还没有到达目的地的时候，他已经先到达了目的地——大厅的另一头。

10. 总统猎火鸡

白宫，1906.11.4

亲爱的克米特：

现在我想对你说一句话：我们在派因诺特玩得很开心。你们的妈妈还像以前那样，很漂亮，很迷人，心里充满快乐和激情。谈到我，我打猎打了三天，非常敬业和专心。第一天，我们离开居住地的时间是下午三点钟，第二天离开居住地的时间是下午四点钟，第三天离开居住地的时间是下午五点钟，这样的安排很有意思，等我们要开始打猎的时候，天就黑了下来。

但是，我们却是幸运儿，每天出去打猎的时候，天上都有一轮月亮，又大又亮。第一天和第二天，我们什么猎物都没有打到，空手而归。我一只火鸡都看不到，每一次出去打猎，大家都期盼出现一只火鸡在我们面前，但这种预测都会落空，火鸡始终就没有出现过，这让我产生了疑问：这里究竟有没有火鸡。

我们把希望寄托在最后一天。最后的那一天，我在外面待的时间很长，长达 13 个小时。当我回来的时候，你能想象得到我是又累又饿，那种滋味真的是无法说出来的。有一点是很幸运的，在那 13 个小时里，我不是步行，而是骑在马上度过的，因为是骑马，所以才不会耗费掉全部的体力。

感谢上帝，最后一天的下午，我的好运来了，此后，所有的事情都很顺利。陪我打猎的猎手看见了一只火鸡，它就站在一棵松树枝上，它的身后是空旷的山谷，山谷的另一边，是一片茂密的森林。我立刻跑到那根松枝的另一头，在一片矮树丛的后面躲藏了起来。这时候，猎手朝着松树林走过来，火鸡出现了，它正要腾空而起，想要飞越山谷。

这是一个打火鸡的好机会，它把自己最好的一面暴露在我眼前，我和它之间的距离是 35 码，我端着我那只 10 毫米口径的猎枪朝火鸡开枪，正好射中了那只火鸡，它在空中翻着跟斗坠落下来，我看到那只被我打死的火鸡，心里感到很快乐。

◀第十四部分▶

视察巴拿马运河

　　1906 年 11 月 11 日，罗斯福偕夫人，乘坐"路易斯安那"号，前往巴拿马地峡，他此行的目的是去视察巴拿马运河的修筑工程。在船上，船员饲养了很多宠物，有一只浣熊，它竟然在罗斯福总统读书的时候，抓住了他的手指，这让他感到有些不自在。海上的航行，让罗斯福感到了无聊，他开始给孩子们写信，把旅途中的见闻和趣事以及他的所思所想，都写在信中，与孩子们一起分享。当罗斯福站在舰上的时候，他的心中会有一种自豪感油然而生，他在信中对特德写道："我为美国而感到自豪。"罗斯福在巴拿马运河视察了三天，他看到了参加修筑工程的每个人都是那样的敬业，这让他感到非常满意。视察结束后，罗斯福乘船到达波多黎各，在那里停留了两天，然后乘船返回华盛顿。这条巴拿马运河，让罗斯福一举成名。

1. 舰艇上的小宠物

在"路易斯安那"号上，前往巴拿马途中，

1906.11.11，星期日

快乐的昆廷：

　　11 月，在你们亲爱的妈妈陪伴下，我们去巴拿马地峡视察，主要目的是要视察巴拿马运河的修筑工程，视察结束后，我们会从波多黎各返回华盛顿。

　　在舰艇上，船员们养了很多宠物，这些小宠物是那么的有趣，你一定想知道都有哪些有趣的小动物，那么，我来告诉你，船上有两只小牛头犬，一只猫，三只可爱的小浣熊，还有一只小古巴山羊。它们之间友情很深，从不互相撕咬对方，它们对我们也很友好。但是，我却觉得，那只小猫不和任何动物玩耍。

　　在军舰上到处乱爬的动物是可爱的浣熊。一天下午，我坐在甲板上安静地读书，忽然，我发现我的手指被什么东西抓住了，我仔细一看，原来，我的手指被浣熊的那双黑爪子抓住了，它正在嗅着我手指的味道，这让我产生了不舒服的感觉。

　　军舰上，两只小狗在尽情地玩耍，一只小狗的主人是埃文斯上尉。在巴拿马或者是其他的地方，是不允许船员们上岸的，我知道，他们会在那里抓获很多其他的宠物。那些淘气可爱的小浣熊很喜欢水手们，水手们也喜欢这些小家伙。几分钟以前，有一个镜头让我过目不忘，一个水手把一只浣熊放到了他的肩膀上，他带着浣熊在军舰上散步，边散步边给浣熊喂食，食物是一小块面包，浣熊很喜欢吃面包，它吃得津津有味。

2. 第一流的军舰

在"路易斯安那"号上，前往巴拿马途中，
1906.11.11，星期日

快乐的阿奇：

在船上，每天看到海上的景色，真的很想能和你在一起，如果你来到这艘军舰上，你一定会喜欢上它，并且会很快和那些小宠物们建立起感情，你会觉得这是一艘很有趣的军舰。在海上航行，我们遇到了三天的好天气。这是一艘大战列舰，它还有两艘护卫舰，一艘护卫舰名叫"田纳西"号，另一艘护卫舰名叫"华盛顿"号，它们都是巨大的装甲巡航舰，它们平稳地行驶在军舰的最前面，保护"路易斯安那"号的安全。

海面上没有一点儿风浪，现在，我们所处的地理位置是在北回归线上。这三艘军舰在我看来，它们与同等级的军舰相比较，无论从哪方面来说，都是最棒的，当然，英国的"无畏"战舰除外。"路易斯安那"号的每一项装备和瞄准器，全部都处在最好的状态中，可以把训练当成船员的职责，这些严格的训练，将会把所有的船员训练成为一流的战列舰上的船员，可以胜任战舰上艰巨的工作。

军舰上的船员由一些有风度、有气质、有知识、有才能的年轻人担任，他们都是优秀的美国人，他们年轻、要求进步、渴望成功、聪明机智，更重要的是，他们精力充沛。

"路易斯安那"号上还有六门大炮，它们的口径有 7 英寸，它们的名字非常有意思，分别叫作：胜利者、无敌、和事佬、走开，另外，还有两门大炮的名字也很有趣，一门大炮名叫"特德"，这大炮的名字和你哥哥是同一个名字，另一门大炮名叫"大棒"。

3. 军舰上的日子

在"路易斯安那"号上，1906. 11. 13

亲爱的克米特：

　　根据目前的旅行情况来说，这是一次很顺利很愉快的旅行，你们的妈妈一直很快乐。对于我来说，习惯了骑马打猎的生活，习惯了忙碌的生活，忽然闲下来，有了一种无聊的感觉。这些天总是待在军舰上，觉得有点郁闷，幸亏我随身携带了很多书，这些书种类繁多。此时，我坐在船上，正在阅读弥尔顿的诗歌，还有一部德国小说和塔西佗的著作。

　　天气好的时候，我和你们的妈妈喜欢在甲板上走来走去，我们经常从下面走到上面，再从上面走到下面，如果不想走动的话，就来到船尾，坐在遮阳伞下面，或者干脆走到船舱的后面，对着敞开的炮门，我们手拿一本书，安静地读书。

　　我有时在艏桥楼眺望，有时在艉桥楼上漫步，在这两个地方消磨掉了很多宝贵的时间，我也会和船长在一起，主要是对这艘战舰进行巡查。我想对你说，我亲爱的克米特，巡查战舰，其实不是一件枯燥的事情，相反，我觉得是一件特别有趣味的事情，此时此刻，我会为我拥有这样强大的祖国而感到骄傲和自豪。军舰上的官兵们，他们的状态非常好，他们的样子肯定是你想看到的。

　　三艘巨大的军舰，排成纵队向着南方前行。即使到了夜晚，景象也是这样壮观，在夜色中，我还能清楚地看到，后面的军舰在黑夜中劈波斩浪，平稳向前。现在，我们正航行在北回归线上，这时候，我却开始了很长时间的思考，很多思绪翻滚在脑海里，我想起了8年前，我乘坐军舰和运输船，船载着我，朝着圣地亚哥驶去，那些情景，现在想起来，依然非常清晰。

如今，我成了美国的总统，正乘坐军舰，去视察我亲自督建的巴拿马运河的建筑工程，这浩大的工程，倾注了我很多的心血，想起这些，那真是感慨万千。在军舰上，你们的妈妈举止优雅大方，打扮得漂亮得体，她身穿白色的裙子，在夏天的微风吹拂下，更加迷人。

星期日的早晨，你们的妈妈来观看视察和检阅。在你们的妈妈还没起床前的这段时间，我一般会在甲板上散步，用这样的闲情来消磨掉这宝贵的 30 分钟。等你妈妈起床后，就是我们的早餐时间，我们会单独在一起享用，午餐时间，我们也是单独在一起。到了晚餐的时间，我们不再单独享用，会有两三个军官陪我们一起用餐。和我们在一起的还有里克西医生，他没有太大的变化，还是像从前那样，是一个很可爱的医生。

4. 哥伦布的大发现

在"路易斯安那"号上，1906.11.14

亲爱的克米特：

海上航行已经好几天了，我渐渐感到有些乏味，靠着读书和检阅，我耗费了不少时间。转眼这已经是第四天了，今天，这是我上船以来最有趣的一天。从船上向外望去，在我们右边是古巴，我们的左边是海地，出现在我们眼前的风光不再是一望无垠的大海，而是带有绿色丛林的海岸和连绵起伏的群山，两边都是美丽的热带岛屿，但是，岛上却藏着有毒的东西。

我们还看到了在世界上很有知名度的海域，看到这些海域，我和你们的妈妈都在回想着历史书上关于它们的介绍。伟大的航海家哥伦布在圣萨尔瓦多登陆以后，在这些海域中发生了很多的历史事件，比如：那些来探险的西班牙人，那些冒险家和来自英国、荷兰的老水手的冒险故事，伟大的英国和法国军队，它们在这里发生的残酷的战斗，那些伴随着战斗而带来的胜利、骚乱以及瘟疫、罪恶和辉煌，还有西班牙、英国、法国与荷兰那些老一辈的殖民者和奴隶主们的罪恶和放荡的生活方式。他们消灭了印第安人，他们把黑人变成奴隶，很多的岛屿在他们这种灭绝人性的统治下开始走向衰败，他们把海地变成一个野蛮的国家，他们甚至把吃人的习俗和伏都教都恢复起来了。

今天，天气晴朗，没有一点儿风浪，我旅行中的这几天一直都是这样的天气。我们刚才看到了巴拿马陆地的最高点，它就在我们的前面，我们今天抛锚的时间是在下午的两点钟，距离我们离开华盛顿的时间还不到六天，只差那么一点点，这非常有意思。

5. 我自豪，我是美国人

在"路易斯安那"号上，1906.11.14

亲爱的特德：

这次长达六天的旅行，让我和你们的妈妈都很开心，虽然，在海上航行我总会有种无聊的感觉。一切都是那么顺利，让人愉快的事情当然是我能和你们的妈妈待在一起。当我站在这艘巨大的战列舰上的时候，我为自己是一个美国人感到无比的骄傲和自豪，同时，为我国拥有这样大的军舰而感到非常自豪。不过，我所自豪的不只是因为我看到了这艘巨大的军舰上的大炮和发动机还有其他的一些先进的武器装备，更重要的是，我看到了操纵这艘战列舰的官兵们，他们拥有良好的素质，这才是最关键的。

斯莫利特的小说你读过吗？这部小说是一位著名的英国作家写的，他擅长写冒险小说，他成功塑造了很多有个性的水手，比如：罗德里克·兰德姆和汉弗莱·克林克，看完他的小说，给我留下了一个可怕的印象，那就是：在他所描写的那个时代里，一艘战舰就像是一个地狱，只不过这是漂浮的地狱，里面充斥着残暴、罪恶、疾病和肮脏的东西。

如今，我所看到的战列舰和小说描写的完全不同，军舰到处都是整洁干净的，看上去非常舒服，官兵们在这样清洁的环境下生活，身体才会健康。船上所有的人都有洗澡的地方，而且洗澡的次数很多，完全可以让官兵们过上舒适的海上生活。他们的食物非常充足和丰富，他们都很自尊自重，甚至超出你的想象。

我已经不再相信过去那些年代所带给我们的辉煌，我相信，今天，我们这些海军官兵们的战斗力已经超过了德雷克时代和纳尔逊时代。官兵们的身体状况和精神状况都很好，这就是我们将来拥有强大战斗力的保证。

亲爱的孩子，你能在华盛顿待上两三天，享受一下生活，那是一件值得高兴的事情，我预计，在今年秋天，你会遇到人生的艰难时期。特德，你也许会发现，没有任何人能帮你度过这段时期。你现在长大了，你要记住，随着你的年龄越来越大，你会经历很多的酸甜苦辣，你会抱怨，你会难过，但是，你唯一能做的事情，只能是承受这些人生的滋味，同时，面对任何惩罚的时候，拿出你的勇气，一定不要畏缩，要努力向前，并且你要咬紧牙关坚持住，直到你迎来成功的那一天。

6. 总统在巴拿马的所见所闻

"路易斯安那"号上，海上，1906.11.20

亲爱的克米特：

我们在巴拿马的访问非常成功，我觉得这是一次很有趣的访问。我们在巴拿马访问了三天，我们从早晨忙碌到夜晚，都在忙于工作。第二天早晨，5 点 45 分我就起床了，12 点 15 分才上床休息。在这三天里，除了睡觉、吃饭和穿衣服的时间以外，大部分时间我都围着工作不停地转动，有时候只有 10 分钟的休息时间，与白宫的工作相比，只是工作形式不同。

这里的雨季频繁，热带暴雨下了整整两天，看不到温暖的太阳，享受不到灿烂的阳光。这段时间里，查格雷斯河的河水涨了很多，是 15 年来的最高的水位，所以，这是我们来到巴拿马，遭遇到的最恶劣的天气，不过，这些景象是我很想看到的。

一边读着巴拿马的悠久历史，一边欣赏着巴拿马奇特的景色，给我枯燥的工作增添了很多的乐趣。礼拜三，当我们靠近海岸的时候，那些被丛林遮掩的群山清晰地出现在我们的面前，这里没有人居住，看不到一间民房，海浪拍打着海岸，发出哗啦哗啦的声音，我们可以看到海岸了。

巴拿马，是一个有着 400 年历史的传奇的地方，这个传奇虽然有些浪漫，但却充满着野蛮和血腥、疯狂和眼泪，还夹杂着人民的苦难和悲惨的遭遇。在这里，我仿佛看到了西班牙探险家和殖民地总督巴尔博亚坐船穿行在达里恩，我仿佛看到了西班牙人和印第安人之间发生的战争，我仿佛看到了为了抵御外敌入侵，西班牙人修建的设防城镇。西班牙的大船横跨海洋，把他们的商业带到世界各地，他们把金银和钻石装载到独木舟和驼运队，运往各个国家。紧接着出现了很多人物，比如：海盗、英国水手、德雷克、弗罗比舍、摩根，他们带给这片土地的不是繁荣和富强，而是野蛮和破坏。

接着，我想到了很多，想到了巴拿马人民反抗西班牙的残酷统治，于是，在这片土地上爆发了战争，战争造成了很多人的伤亡，血流了出来，染红了河水，当我成为总统的时候，这个地方爆发了最后一次战争。在巴拿马城的宫殿里，有很多画像，这些画像都是在历次战争中取得胜利的英雄，把那些英雄画像涂抹在这些建筑风格独特的房子上，能让人看到的是巴拿马历史的沧桑和它的奇异的混血文明。

在半个世纪以前，美国人在巴拿马修建了铁路，为了修建这条铁路，很多人牺牲了生命，这个数字是惊人的，因此，有很多人用夸张的语气说，每一块枕木下面都埋葬着一个死去的冤魂。后来，法国运河公司来到这里开始参与铁路修建，他们在两三年的时间里，做了很多的工作，直到有一天，人们忽然发现：法国运河公司已经没有能力再参与巴拿马铁路的修建。其次，导致这家公司能力下降的原因，是因为他们的估算出现了错误，他们的效率太低，那些冒险家们过于贪婪，每个人都想尽办法从失败中保全自己的名声，于是，这家公司终于在流言、谎言和臭名远扬中倒闭了。

现在，我们美国政府把这项巨大的工程接了下来。当然，在国内，美国人民并不支持政府这样做，我们也遇到了阻力和困难。我从不怀疑，美国人民都意识到，修建巴拿马铁路，要花费很长的时间，付出很大的代价；但是，我一直相信，我们一定会拿出诚意和高效率来把这件事情做好。从事这项工作的所有的美国雇员的品质，不仅是在工作管理方面还是在知识技能方面，甚至在需要聪明才智的工作方面，都给我留下了很深刻的印象。

在具体的工作方面，比如：蒸汽机铲、运土车、机械车间等，这些工作岗位都是由美国工程师、管理者、机械师、锅炉制造工和木匠工们来担任。从最底层到最高层，所有的人，他们都不怕任何困难，用充沛的精力和高效率，来完成这项艰巨的任务，我站在一边看他们干活，带给我的是一种享受。

负责这个工程项目的总工程师名叫史蒂文森，他长得块头很大，身材魁梧，非常有力量，而且他胆子很大，心很细。所有的人，他们都和德雷克与摩根的水手们一样，谈起他们，都会令人心生敬畏之心，如果有需要的话，我想，在战场上他们同样会表现得很好，虽然，他们来到这里工作，并没有给他们带来很多的利益，但他们用自己的辛勤和汗水，改变了巴拿马的面貌，让这里焕然一新，他们非常伟大，正在创造属于这个时代的奇迹，只要我们的文明继续发展下去，他们的工作成就会被更多人看到，他们的成绩也是有目共睹的。

在这里，我安排了很多的日程，但是，我要拿出更多的时间去视察所有的地方。我检查了白人和黑人的单身汉和已婚者的居住地。我去加通水坝和拉博卡水坝的场地作了视察，我到巴拿马城和科隆城检查，而且是全面检查，我来到库莱布拉河道视察，花费了一天的时间，因为，一项很大的工程将要在这里开工。

巨大的蒸汽机铲挥舞着"手臂"在不停地挖掘，挖掘着那些岩石和泥沙，这些岩石和泥沙都是由钻孔机和炸药爆破完成的。然后，把它们装到列车里，拉到丛林里或者拉到修建的水坝上倒掉。面对那一座又一座的高山，他们用恒心和毅力挖山不止，一次又一次地把大山劈开。

他们在山坡上铺设好小铁轨，他们爆破了岩石，有 95 吨重的蒸汽机铲，它艰难的一步一步向上爬行，好似山地榴弹炮，一直爬到它们工作的地方，开始有效率地工作，它们开足马力把整个山坡毁掉。此时此刻，人和机器都在工地上努力地干着各自的工作，人和机器各司其职，那些黑人，在那些机器无法工作的地方干着手工劳动，看起来进入了原始状态，而那些白人，他们负责操作机器，负责管理监督的工作。在我看来，这是一个惊天动地的壮举，是一场史诗般的工程，它将载入史册，让后代人骄傲和自豪。

这里的暴雨下了两天了，好多村庄被淹没在很深的水中，暴涨的江河水疯狂地冲向堤岸，它们像脱缰的野马，冲进了热带丛林里。那是一片美丽的丛林，生长着各种各样的树，有香蕉树、棕榈树、面包果树，还有竹子和木棉树，丛林里还有美丽的蝴蝶和可爱的小鸟，它们在兰花丛中尽情飞舞，还有各种美丽的鲜花。

过去，我非常热爱博物学，现在我面对这些丛林，那些沉睡在心里的爱好都被唤醒了，我真的很想拿出很多的时间待在这片丛林里，去搜集各种各样的标本。我发现，这个地方非常适合打猎，这里有鹿、美洲虎以及一种大鸟，当地人称它为野火鸡，河里很危险，因为里面有巨大的鳄鱼。

提起鳄鱼，这里发生过一件可怕的事情，那是去年的八月，医院里有一位护士，他独自去河里洗澡，就在他洗澡的时候，悲剧发生了，他的双脚被鳄鱼抓住了，鳄鱼把他拖到了水中，他不停地挣扎着。就在这时候，好心人发现了他，人们赶忙拿来工具赶跑了鳄鱼，这时候，人们才发现，这位护士已经受伤了，而且非常严重。

　　在巴拿马考察，我都是在泥泞中步行，我估计你妈妈肯定受不了这样的旅行，不过，能有机会看到这个蕴藏着美丽生物和自然奇观的巴拿马，还能享受到这些生命带给我的快乐，那就很值得了，尽管要每天和泥巴打交道。

　　另外：这里会出现一个湖泊，有数英里长，而不是自然生成的，而是人工制造的，是用加通水坝制造出来的湖泊，这个湖的底部很可能是铁路所经过的地方。我在想，如果再过几年的时间，我们坐火车经过这里，离我们头顶100英尺以上的水面上，漂浮着轮船，想一想，都感觉非常奇怪。

7. 总统在波多黎各的旅途中

"路易斯安那"号，海上，1906. 11. 20

亲爱的特德：

　　我们已经离开了巴拿马，今天，是我们离开的第三天。船在海上行驶，海上吹来的风很凉爽，但是，风太大了，我们顶风向前航行，风越来越大，船开始不停地摇晃，船在风浪中晃动，但是，我和你们的妈妈却觉得很舒适，并没有出现晕船的毛病。

　　在我看来，巴拿马是一个非常了不起的地方。首先，在这片土地上有一大片茂盛的热带丛林，在这片土地上流淌着奔腾不息的热带河流，这些丛林与河流让巴拿马看起来更加充满魅力和传奇。那些五彩的蝴蝶、美丽的花朵、神奇的鸟、到处爬行的蛇和蜥蜴，还有充满古老传说的西班牙城镇以及普通的土著居民居住的棚屋，那些棚屋是用竹子建成的，我看着这里的一切，都感觉特别有趣，处处充满了异国的风情。

其次，最壮观的场面是修筑巴拿马铁路，从总工程师和总卫生检查员，再到最后到达的机械师和记工员，来到巴拿马地峡工作的美国人共有五千名，在我看来，这些美国人，既聪明能干又有充沛的体力和精力，当然，他们当中也有很多人习惯发牢骚，对政府有很多的怨言，不管怎样，从总体上来评价他们，这些人都是表现优秀的一批能人。

在巴拿马视察的三天里，我认为那些居住在西部的印第安黑人是摆在我面前的一大难题，但他们干活却干得很出色，当我看到建筑铁路的计划进行得很快的时候，我感到非常惊讶。在这三天时间里，我们工作很累，从黎明到深夜。我最忠实的伙伴是亲爱的里克西，他一生都是我的好伙伴。最感到兴奋的是你们的妈妈，她对这里的一切都非常喜欢，她会独自去参加在巴拿马举办的狂欢活动，都是规模很小的狂欢，她在这种活动中充满了喜悦，她说她会尽情享受狂欢带给她的乐趣。

8. 在波多黎各的日子

"路易斯安那"号，海上，1906.11.23

亲爱的克米特：

在波多黎各，我们在那里度过了两天，我们过得非常有趣。我们从岛的南侧到达陆地。在那里，来迎接我们的人很多，有总督还有其他各部门的行政官员，其中就包括劳伦斯·格雷厄姆先生。紧接着，一场盛大的招待会为我们举行，参加招待会的有庞塞的市长和市民们。然后，我们坐车穿越这座海岛，朝着位于北岸的城市圣胡安奔去。

这条公路蜿蜒曲折，它位于岛屿中部，夹在高山之间，我们坐车在路上飞奔，穿越险峻的群山，然后一直向下行驶，就进入了位于北部海岸的平原。一路驶来，美丽的风景尽收眼底。这里的景色与巴拿马相似，这里属于热带气候，但是，与巴拿马的热带气候相比，这里的气候更加舒适，很多植物和水果在这里生长，比如：棕榈、香蕉、芒果、竹子，还有其他很多叫不上名字的树木，到处盛开着五颜六色的鲜花。

在波多黎各，葡萄藤上开出了花，那些花儿的颜色是紫色和粉色的，还有一些开着小白花，尤其是到了夜里，它们会散发出扑鼻的香味。还有一些藤上则开着红花，远远看上去，像燃烧的火焰，看到这些花儿，我仿佛又回到了圣地亚哥的战场上，因为那里的树上也开着火焰般的红花，尤其是到了6月份，有很多的鲜花，都是猩红色的，不过，现在这些花儿都已经开始褪色。

波多黎各的城镇有着自己独特的风格，这些独特的城镇风格与你在古巴看到的非常相似，它们的色彩很亮丽，广场上到处都是鲜花，那里有座教堂，与广场相对。一眼看上去，这些城镇给我的印象是一个字：脏。但是，与意大利的城镇相比较，还是干净了很多，意大利的那些城镇在我看来，不会带给我快乐。

这个城镇的人民纯真、善良，笑容很灿烂，他们的生活是苦难的，现在，我们要给他们建立一个好政府，让这座岛屿走向繁荣昌盛。这里从事行政管理的人都是年轻人，他们非常出色，这是我从没见过的。你还记得格雷厄姆先生吗，他是政府领导人，也就是总督毕克曼·温思罗普和国务秘书里吉思·波斯特的好朋友和他的忠实的支持者。

格雷厄姆先生为人善良，他是个年轻的小伙子，长相英俊、还酷爱体育运动，是一个骑士。只要这个城市有任何残忍的和不好的行为，都会让他愤慨。他深受波多黎各人的喜爱，他时常身穿苏格兰方格短裙参加政府舞会，人们对他的行为很不理解。但是，在我的特别邀请下，格雷厄姆先生参加了我们在宫殿里举行的国宴和夜晚举行的招待会，他都是身穿苏格兰方格短裙参加这些活动。我现在才知道，他是蒙特罗斯的后人，虽然他在加拿大出生，但他的父母都是苏格兰人，他也曾在苏格兰接受过良好的教育。等你再给鲍勃·弗格耶写信的时候，你可以在信中给他讲一讲格雷厄姆和他身穿苏格兰方格短裙参加国宴和招待会的事情，我想，他一定会感到新奇的。

那天夜晚，我们是在宫殿里度过的，这里，只有一半是宫殿，其实，另一半则是城堡，很久以前，这里曾经住过几位西班牙的总督，有四百年的历史，虽然历史很悠久，看起来，这是一座能给人带来愉快的古老宫殿，里面有雅致的花园和形状奇特的防波堤，它们都靠近海湾。花园里，挂着很多彩色的灯笼，是为了这次招待会准备的，此时，夜空中高挂着月亮，月亮洒下皎洁的月光，在月光的照耀下，对面的海湾看起来是那样迷人。

我们住的房间非常漂亮，遗憾的是，房间的通风条件太好了，像是置身在野外，有种空旷的感觉，这让我们失眠了，没有办法进入梦乡，不过，这对我们来说不算是什么坏事，幸亏招待会开到很晚的时间，而我们需要很早就起床赶路，我们却花费了长达四个小时的时间让自己好好地睡觉。结果，我们睡的时间却很短，这难熬的夜晚。

第二天早晨，我们乘坐的汽车行驶在另一条公路上，这条公路非常漂亮。一道道山峦从我们身边飞驰而过，欣赏着车窗外美丽的景色，我有种感觉，仿佛来到了另一个国家瑞士。我们已经穿越了两三条河流，把汽车拖过河的不是什么机器，而是角上系着轭的大公牛，它的颜色是乳白的。我们来到一个小村庄，在那里，我们吃了一顿丰盛的露天午餐，那顿午餐很棒，有面包，有鸡蛋和鸡肉，还有一个年轻富有的西班牙人给了我们一些葡萄酒，他不是当地人，他是从附近的一家咖啡种植场骑马过来的。

昨天下午，我们又回到了船上，夜晚，为了让我们都能度过快乐的一夜，船员们煞费苦心，他们举行了一场有趣的文艺表演，演出地点就在后甲板上，最后的一个节目是三个回合的拳击表演，那是昨晚的压轴表演，非常精彩。我会把这次演出的节目单一起邮寄给你，你可以仔细地看看。

这是一场很有趣味的演出，演出开始，他们就一起高唱歌曲，那是些感伤的歌曲，观众们都沉醉在歌声里，不能自拔，那是一些歌唱军旗、赞美水手、热爱祖国、歌唱伟大母亲的歌曲；然后，他们开始讲小笑话和表演滑稽小品，这些小段子小笑话，都让我们哈哈大笑，在笑声中，我们的孤单和疲乏都被冲淡了。

最好笑的笑话讲的是关于臭虫的故事。他们都说那些臭虫长得个头儿很大，它们到处爬行，到处捣乱，最后，人们只能拿起枪，开枪打死这些臭虫。滑稽小品讽刺的是补给委员，还有船上那些各种各样的人和他们做出的那些让人匪夷所思的行为。看了这些表演，他们这些坦率的行为让我很快想起了罗马人的胜利，当时，他们用诗歌和散文的形式来歌颂那些传奇故事，对主人的每一件事情他们都有所选择地进行描述，他们用这种方法参与到他的行为中，并且他们用这种方式来庆贺他的胜利。

演出的舞台建在甲板上离船尾很近的地方，灯光照亮了甲板，一片灯的海洋。此时，我们和军官们在前排坐下，我们身后的甲板上坐着很多的水兵，船尾的炮塔上坐着人，舰桥上面也坐着人，船尾的桅杆顶部的观测台上也坐着人，灯光照在他们每个人的脸色，看上去觉得非常有意思。

我忘记告诉你一件事情，关于在波多黎各，人们用旗子和标语来欢迎我们的事情。其中，有一幅标语挂在公路上，上面写道："欢迎西奥多和罗斯福夫人"。我觉得这是一次特别有意思的欢迎方式。有一支由刚刚入伍的新兵组成的海陆联合军队，里面也有很多的军官，有一天，他们在这艘军舰上，在鱼雷室里召开了一次"驻军"会议，参加会议的人有我、船长和大约 50 名新兵。他们把我介绍给新兵们，他们是这样介绍的，这位是"同志和战友西奥多·罗斯福，美利坚合众国总统"。和他们在一起我感到很高兴，我认为他们是一群让人快乐的伙计。他们每个人都能做到自尊自重，他们每个人都拥有好的品格，他们对待每件事情都认真，对待每个人都诚挚真诚，他们身上表现出的这些优点，才使他们成为典型的美国战士和优秀的美国公民。

这次会议让我回想起了在蚝湾的很多往事。当年，在蚝湾的时候，也曾举行过一次令人难忘的联谊会，想起那时候的情形，让人感慨万千。我在那次联谊会上遇到了很多难忘的人，他们也和我一样，属于同一种类型的人，他们这些人分别是造船工人、铁路工人和渔民。顺带说一句，他们才是我在政治舞台上真正的支持者。

◤第十五部分◢

博览会、斯基普和淘气男孩

　　从 1907 年 3 月 3 日到 9 月 28 日，罗斯福给克米特和阿奇写了 5 封信。这些家信与以往的信件不同，罗斯福在信中没有和儿子谈论政治，谈论最多的是家长里短、家庭趣事和家中宠物以及罗斯福去詹姆斯敦参加博览会的所见所闻。9 月 21 日，罗斯福给阿奇的信写了对小狗斯基普的哀悼，斯基普去世了，罗斯福带着夫人和孩子们参加了它的葬礼。9 月 28 日，罗斯福又给阿奇写了一封信，这次，他在信中告诉阿奇，他的弟弟昆廷在离开蚝湾的时候，得到了两条蛇，淘气的昆廷竟然把蛇悄悄地带回了白宫，当 4 位国会议员在屋内等候罗斯福会见的时候，昆廷拿着蛇走了进去，他的目的是想给无聊的议员们解闷，可是没想到的事情发生了，那条蛇钻进了昆廷的袖子里，庆幸的是，在一位胆大的议员的帮助下，那条蛇从昆廷的袖子里爬了出来，这就是淘气男孩昆廷的耍蛇历险记。

1. 病中的阿奇

白宫，1907.3.3

亲爱的克米特：

告诉你一件不好的事情，我们的小阿奇生病了，他患上了白喉，可怜的小家伙，他让我们为他忙碌着，我们都有些疲倦了，我们忙活了两天啊，一共是48个小时。你们的妈妈比我们要辛苦多了，她不再出去骑马和参加各种活动了，她拿出全部的时间和精力陪伴在阿奇身边，照顾他。

我太忙了，在国会休会期间，我也必须去做我的工作，我每天都要工作，从早晨的7点干到晚上的7点，我会利用晚餐前的20分钟或者30分钟的时间跑去阿奇的房间陪伴他。当阿奇看见我走进他的房间的时候，他会提出要求，让我把手放在他的额头上，他说我这样做了，他会非常喜欢的，可怜的孩子。他对我说：我的这双手能散发出清爽的气息，那种气息就像肥皂一样。我听后觉得特别有趣，也希望他能快点好起来。

昨天夜晚，阿奇感到很难受，不过，到了早晨，他觉得身体好了一点儿，里克西医生对我们说，阿奇的身体正在逐渐恢复健康。今天下午，兰伯特医生要来给阿奇看病。埃塞尔在费城，她要被送到里克西夫妇那里居住，和他们度过一段美好的时光。昆廷受到阿奇的传染，他也开始生病了，我们不允许他出去和其他的孩子玩耍，可怜的小家伙，他将待在白宫，未来几天的时间都要生活在门房与警察们的中间了，这就是隔离的日子。

自从我重新回到白宫，除去做一些总统在国会闭会期间必须要做的工作以外，我没有做任何一件有意义的事情。你们的妈妈运气不错，不过，目前，她要日夜照顾阿奇，她会度过这段对她来说有些艰难的日子。

病中的阿奇很乖巧，他具备了一个男孩子应该有的品格：坚强、能忍受一切痛苦，在病中仍然不忘对母亲的爱。昨天，小淘气昆廷竟然对照顾他的小姐说："如果我有像阿奇那样的脾气，有我自己的头脑，那该多好，这难道不是很了不起的事情吗？"

今天，阿奇很可爱，做了一件值得表扬的事情，尽管他生病了，可还记得小姐的生日，他派人给小姐送去了一份特殊的生日礼物，那就是爱，心地善良的小姐听到这些话的时候，眼泪忍不住地流了下来。

2. 总统在博览会上

白宫，1907.4.29

最亲爱的克米特：

在詹姆斯敦的旅行，我们都过得非常快乐。那些客人们都是你们妈妈的朋友，他们分别是：来自弗吉尼亚的女士约翰逊夫人，她的出现，让我想起了我的姨妈安妮，她是我母亲的姐姐，在我的童年时代，安妮姨妈像妈妈那样照顾我们。贾斯蒂·穆迪，她总能带给我们很多的快乐，这次能有机会再次和她谈话，我真的非常高兴；鲍勃·培根夫妇，认识他们的人都非常喜欢他们，所有人都把他们当成友好的客人，他们富有同情心，非常适合做朋友，他们在所有方面都有良好的素质。

我要表扬埃塞尔，她是个懂事的女儿，她用心照顾昆廷，这样，就为你妈妈分担了很多照顾昆廷的工作。当然，阿奇和昆廷的病好了，他们又开始了无忧无虑的生活，自由自在到处奔跑，他们到处乱跑，不管是爬高还是赛跑，他们喜欢与军官和士兵一起吃饭，他们从来不带有任何偏见，对待军官和士兵一视同仁。

礼拜四的下午，我们将会离开这里，礼拜五早晨，我将要参加检阅，检阅外国舰队和我们美国的舰队，这是一支拥有 16 艘大战列舰的舰队，此外，还要检阅一些巡洋舰，这些检阅让我激动，也让我振奋，这些难忘的检阅，都让我久久不忘。我们还要参加博览会的开幕式，在那种场合，少不了那一套，我将会在博览会上发表演讲，参加的招待会都是老一套的，没有任何新鲜可言，然后就是老一套的午餐。

夕阳西下的时候，我和你们的妈妈乘坐"西尔夫"号前往诺福克，去那里参加晚宴。"西尔夫"号在岸边停泊的时候，来迎接我们的是格兰特将军，他将护送我们到达宴会厅。我开始换衣服，你们的妈妈早已来到船舱，坐着接待了他。一会儿工夫，我换好衣服走出来，到处找我的帽子。你们的妈妈优雅笔直地坐在椅子上。她耐心地看着我到处寻找帽子，不过，她的脾气开始变得急躁了。最后，她终于从椅子上站了起来，她伸手去拿自己的披风，这时候我才发现，她刚才那么优雅笔直地坐在我的帽子上，竟然就没有一丝一毫的察觉。我的帽子已经被她压扁了，好似一块不新鲜的馅饼，上面布满了很多的皱褶。

可笑的是，你们的妈妈并没有发现她把我的帽子压扁了，于是，我走到她的面前，猛然把我那顶被她压塌的帽子拿到她面前展示，但她仍然用不解的眼神看着我，她认为我是在和她开一个有意思的玩笑，她摆出高贵的神态对我轻声说："是的，亲爱的。"说完这句话，她转过身来，与格兰特将军一同走出了大门。

第二天早晨，我们乘坐"西尔夫"号，沿着詹姆斯河顺流而下，在回来的时候，我们访问了三个地方，这三个地方非常可爱，你一定能想象得到，它们有多么可爱，这三个地方分别是：雪利、维斯特欧尔和布兰登。我也说不清楚，我究竟是喜欢这三个地方的自然风光，还是喜欢那里的优雅高贵、如同仙女的弗吉尼亚淑女？那些地方的房子、草地还是业主，不管从哪个方面来看，他们都非常可爱，我非常喜欢他们。

那天夜晚，我们回到了"五月花"号，礼拜天，也就是昨天下午，我们回到了詹姆斯敦。今天，四周有了春天的景象，真正的春天开始了。吃完午饭以后，我和你们亲爱的妈妈开始享受生活，我们坐在喷泉旁边的那棵苹果树下。此时，一只紫织布鸟飞到苹果树枝头上，它在美丽的春天里放声高歌，苹果树上盛开的白色的花瓣开始落下来。今天下午，我计划与你们的妈妈和洛奇参议员一起外出骑马。

3. 和平守护人

白宫，1907.5.12

亲爱的克米特：

　　昨天晚上，黑木将军和他的随行人员来到白宫，和我们一起出席了晚宴。黑木将军不懂英文，陪同的翻译只好把他说的每一句话都译成英语，不过，虽然谈话的过程很麻烦，但我还是觉得他说话非常有趣。其实，我非常熟悉黑木将军，他参加过的每一次的战役我都非常熟悉，他和所有的日本军官，都给我留下了深刻的印象。

　　谈起军队，我想告诉你，亲爱的克米特，日本军队是一支让人生畏的军队。我总是想方设法与日方保持良好的关系，我绝对不会用不公平的态度去对待日方。但是，我担任总统期间，我一定要让我们的海军成为战斗力最强的海军，军队是和平真正的守护人。

4. 斯基普的故事（一）

酋长山，1907.9.21

幸运的阿奇：

　　告诉你一件事情，前几天，皮特被咬伤了，因为，它参加了一场同类间的战斗，在皮特的眼里，那是一场可怕的战斗。当初，皮特刚刚来到白宫的时候，它在我的眼里，就是一只非常孤单可怜的小狗。因为在那段时间里，斯基普不知道跑到哪里去了。等到晚上，我们就要睡觉的时候，斯基普还没有回来。

　　这时候，阿奇开始焦急起来，因为小狗杰克跑了出去，就再也没有回来，他很担心，斯基普会像杰克一样，跑出去就失踪了，我和你们的妈妈看见他脸上着急的神情，也患上了焦虑症，我们的心里很忐忑，甚至有了一种到处寻找它的冲动。

　　我们还是去各自的房间休息了，时间到了凌晨的两点钟，楼下传来了小狗的叫声，我和你们的妈妈都听到了狗叫声，那声音是那样熟悉，我们一听就知道，那不是别的狗在叫，那是斯基普的叫声，它是用叫声告诉我们：它回家了，快给它开门，快点把它放进来。

　　于是，我穿好衣服，走下了楼梯，轻轻地把门廊上的门打开了，一个熟悉的身影跑了进来，那就是跑出去玩耍的斯基普，它并没看我，而是急匆匆地朝着阿奇的房间跑去。当斯基普冲进房间，阿奇被它吵醒了，当他睁开眼睛看见斯基普的时候，他热情地伸出双臂，把它紧紧地抱在怀里，接着，他抱着可爱的斯基普，慢慢闭上眼睛，继续进入他的梦乡。

5. 斯基普的故事（二）

酋长山，1907.9.21

幸运的阿奇：

　　这段时间，你和克米特都离开我们的身边，我和你们的妈妈很想你们。虽然，我们居住在酋长山，可我们开始想念白宫的家。每次，当我们从海湾的前面走过的时候，我们的大脑里都会浮现出一只平底的小船。

　　还有一件不幸的事情要告诉你，斯基普去世了，它在我们身边度过了短暂的时光，尽管，那段时光是非常快乐的，我们都沉浸在失去斯基普的痛苦中，失去这个亲密的伙伴，我感到非常难过。

　　你给我们的信，我们都读了，这对我们来说是一种安慰。我会送你一件礼物，你猜猜看，到底是什么？我敢肯定，你一定猜不出来，我告诉你，那是一套橄榄球服，我希望你以后会喜欢橄榄球，这是一项很好的体育运动。这套橄榄球服是崭新的，刚刚开始穿它的时候，会给你带来不舒服的感觉。

　　房子已经卖掉了，那里的每件东西都被白色遮盖住了，屋里所有铺在地板上的地毯都被掀走了。昆廷最近成为了情报机关的人，你猜猜是为什么？因为：情报机关的人看到昆廷是一个对待朋友非常友好的人，在他的心里，友谊是最宝贵的。

6. 爱玩蛇的昆廷

白宫，1907.9.28

最亲爱的阿奇：

在我们告别蚝湾的那天，淘气包昆廷竟然抓到了两条蛇。很快，两条蛇只剩下一条了，那一条丢失了，从此以后，那条蛇消失了，昆廷再也没有找到它，等到我们就要起程了，这时候，昆廷在一个空空的房间里，找到了那条丢失的蛇。于是，昆廷不想把这只到处乱跑的蛇带走了，他把它放走了，却带着另一条蛇回到了华盛顿，在路上，经历了很多难以想象的冒险故事，现在，我就把这些有趣的故事告诉你。

有一次，那条蛇从盒子里逃了出来，还有一次，装蛇的盒子不知道被谁打翻在地板上，蛇爬了出来。等我们回到华盛顿的第一天，我们给昆廷放了一天假，他可以不去上学，允许他出去活动活动，多结交几个好朋友。

昆廷利用这一天的假期做了很多有趣的事情，他首先去施密德的动物商店看了看，他把小蛇放在了动物商店里，忘记带回来了。后来，施密德送给昆廷三条蛇，两条蛇是小蛇，其中一条蛇长得非常大，而且很漂亮，对人也很友好，不过，施密德告诉他，他只能和它们待上一天的时间。

昆廷很兴奋，他踩着溜冰鞋，带着三条蛇回来了，他走进了我的房间，把他的蛇拿给我看。当时我正在和司法部长讨论重要的事情，昆廷这个淘气的家伙，他竟然把蛇放在我的膝盖上。我想告诉你一件很可怕的事情，那条很大很漂亮的蛇，虽然对待昆廷的态度很好，可是，它竟然想吃掉其他的两条小蛇，真的是太霸道了。

就这样，昆廷带着蛇闯入了办公室，打断了我和司法部长的谈话，我把昆廷的这次胡闹，戏称为动物展览会。我无可奈何，但最终还是严肃地给昆廷提了建议，我建议他带着蛇到隔壁的房间去玩耍，因为在那个房间里，有四位国会议员在等待我接见他们，他们每个人都很无聊。我心想，当昆廷带着他的宠物蛇去了那个房间，当国会议员们见到昆廷和他的宠物蛇，一定会大吃一惊，这样，昆廷和蛇可以给他们解解闷，让他们的心情快乐起来。

昆廷同意了，他带着蛇走进了隔壁的房间，他脸上带着笑容，他相信，在隔壁的房间里一定有喜欢蛇的大人在等待着他的到来。让人大笑的事情开始了，那四位国会议员以为蛇是木头制成的，当他们瞪大眼睛仔细看的时候，才发现那些蛇在爬行。个个都很害怕，他们躲得很远，生怕会被蛇咬到。

紧接着，那条很大的蛇竟然爬进了昆廷的袖子里，这条蛇很长，有三四英尺。看到蛇爬进了昆廷的袖子，他们几个都吓坏了，谁也不敢把蛇从昆廷的衣服里拿出来，因为蛇全身光滑，身上长着鳞片，想要抓住它，那是一件很难办到的事情。最终，我得知消息后走进了隔壁的房间，我保护着昆廷，一位议员走过来，他脱下自己的夹克，非常小心地把夹克套在昆廷的身上，然后，帮助昆廷把衣服脱下来，他的做法非常聪明，那条蛇终于从袖子的上端爬了出来。

【第十六部分】

长途旅行

    从 1907 年 10 月 1 日到 16 日，罗斯福总统进行了一次长途旅行，旅行刚开始的时候，他就经历了旅行磨难。罗斯福乘坐列车旅行，在他的专列所经过的地方，市民们都在沿路欢迎他，为了向市民们表达谢意，他都要向市民们挥手致意，这样的做法，让他感到有些手忙脚乱。很快，罗斯福总统就适应了这样的旅行，当他登上蒸汽船，行驶在密西西比河上的时候，他看着奔腾不息的河水，心潮澎湃，他提笔给克米特写信，这封信慷慨激昂，写出了美国 300 年的历史变迁，读后让人热血沸腾。后来，罗斯福到达了位于滕萨斯河口的营地，有趣的打猎活动开始了，在小木屋里，他遇到了一只孤独的猫，罗斯福与猫相处很融洽。在这次旅行中，罗斯福猎到了一只熊，他把这些有趣的旅行经历写信告诉了孩子们。

1. 旅行中的磨难

在"密西西比"号上，1907. 10. 1

最亲爱的埃塞尔：

我们是在基奥卡克上船的，在我们这次旅行中，一切都是那么的平淡，没有什么事情让我感到惊奇。列车经过很多的城镇，那些市民们知道我经过这里，他们都很兴奋，我要不停地从窗口伸出手来，向沿途城镇的人们挥手，以表达我对他们的热爱之情。不管列车停在什么地方，只要我走下列车，我的周围就会出现几百人甚至更多的人，我要站在那里，对着眼前几百人发表演说，虽然那些演说都很短小精悍，可给我的感觉是无聊和枯燥乏味的。

市民们认为我喜欢他们，我真的很喜欢和市民们待在一起，尽管，我对他们实在是无话可说。在坎顿和基奥卡克，我经历了有生以来最让我难受的旅途磨难，那些在我看来老套又陈旧的庆典，虽然隆重，却很乏味。首先是接待委员会负责迎接我，接着是检阅仪仗队，再接着是乘坐敞篷马车从街上驶过，这时候，热心的市民们涌上街头，热烈欢迎我的到来。我就要站在那里，一会儿向左鞠躬，一会儿向右弯腰，表示对市民们的感谢。

接着，我要发表演说，那些演说的内容都是安排好的；我面对每一次的演说，都想赶快溜掉，那段时间，我觉得自己太累了，实在承受不了这些场合带给我的折磨，此时，我越来越渴望尽快结束这种让我饱受折磨的旅行。

当我回到船上的时候，我忽然觉得轻松了很多，心情也开始愉快起来，看着船上的任何东西都觉得新鲜有趣。不过，我仍然要站在前甲板上，向岸上的人群挥手致意，向那些热心的游客挥手致意，因为那些游客乘坐的尾轮蒸汽船上都飘扬着美国的国旗。

亲爱的，尽管看起来我很忙碌，但是，我也会给自己留出很多的时间。我想，凭借着我的良好的态度，肯定会给那些热心又好心的东道主们留下很好的印象。不过，我最讨厌的是那些送给我的报告，我把它们称之为苦药，报告的内容是有关沙滩和沟渠，有关每立方英尺的水里究竟有多少含沙量，有关每一个沿岸城镇制造出来的产品的质量是否符合法定的标准，以及其他一些方面的问题。

2. 沧桑的历史变迁

在"密西西比"号上，1907. 10. 1

亲爱的克米特：

今天早晨，我在基奥卡克做完演讲以后，我们来到了尾轮蒸汽船上，这是一艘崭新的蒸汽船，它是密西西比河上常见的船，我们朝着密西西比河的下游驶去。我站在最高的甲板舱上，心里萌生出一种渴望，这种渴望是我无法抗拒的，我实在无法控制自己，急忙向船上的领航员打听马克·吐温的事情。

密西西比河很宽，它的水很浅，而且颜色非常混浊，有的地方，河道非常狭窄，只能有一条小船从那里经过，在我这双无法测量宽度的眼睛看来，整条河流在我的眼里就像一条水沟那样宽。河的两岸有两个州，一边是伊利诺伊州，另一边是密苏里州。有些低洼的地方被河水淹没了，有的地方生长着茂密的丛林，有的地方却成了玉米地，看起来是那样的富饶，有时候，我们能看到一幢房子，还有一些村庄，偶尔，还会看见一个小城镇。

附近居住的人们都会聚集在一起，向我招手，我也向他们挥手致意。小城镇的水边，有一个码头区，很多男人、妇女和小孩都站在那里，把整个码头区都挤满了，他们手里挥动着旗子，对我表示热烈的欢迎。来自很多小村庄的农民，他们带着老婆孩子，赶着马车，从十几英里以外的地方风尘仆仆地赶了过来。我记得去年夏天，你们行军经过爱荷华州，你也遇到过这样赶来看你和骑兵队的农民，你一定记得他们用何种热情的方式迎接你们的。如今，我们也正在享受着同样热情的接待。

我这次的心情很好，兴致也非常高，那是因为：这是我第一次坐船行驶在密西西比河上。我一直想对你说，我们的国家的历史与旧大陆的历史相比较，它的变化是非常巨大的，确实让人惊叹。很多个世纪以来，在这块没有人迹的陆地上，密西西比河从这片土地上流过，在千百万年的发展过程中，密西西比河的两岸出现了茂密的森林和广阔无垠的草原。无数的水牛和麋鹿快乐地生活在这里，一年又一年，它们奔跑在这片土地上，充满生机和活力。

此时，很多印第安的猎人们出现在了这里，有的猎人们沿着河岸快速地走过来，有的猎人乘坐独木舟从水面划过来。在我们的眼里，一千年的时光，我们没有看到万事万物有太大的变化。后来，一切的变化就在300年前开始了。在刚开始的一个世纪里，并没有显著的改变。此时，在密西西比河上，偶尔会出现一支法国船队，接着，河面上会出现一个对探险非常狂热的法裔加拿大探险家，他乘坐着一只印第安独木舟，沿着这条河和其他的某一条支流，一会儿顺流而下，一会儿又逆流而上。

后来，出现了一些非常细微的变化，这里出现了一两幢小村寨，那是法国的皮毛商人建造的，从这里会有小艇开过来，那不是普通游客的小艇，那是英国军官驾驶的小艇，很快，这里又出现了很多来自美国偏远林区的居民，他们却是野蛮不文明的一群人。

再后来，美国历史就进入了变化很快的时期。俄亥俄河域，这片原本很平静的地方，来了很多人，他们来到这里，成为了美国移民，河面上出现了很多的平底船和龙骨船，一直延伸到密西西比河口，紧接着，印第安人在西部开始了他们最后一次的大行军，其实，那不过是印第安人的捕猎活动。印第安人在这片土地上一直过着这样原始的生活，他们总是这样日出捕猎，日落而归，但是只有这一次捕猎，猎手们没能回到部落里。

此后，蒸汽船出现了，一个新的时代开始了，蒸汽船成为当时在河上使用的主要的交通工具。移民们展现的不只是他们的力量，还有他们带来的肮脏的东西和他们那些不断增长的无法遮掩的自豪感和优越感，沿着密西西比河流域，出现了很多城市和州县，人口在迅速地增长。很快，经济的迅速发展，蒸汽船作为交通工具进入了时代的巅峰，达到顶峰后开始下滑，仅仅让一代人享用了蒸汽船，就慢慢消失在人们的视线里。

随后，那些沿着河边建起的城镇也开始走向衰落。铁路开始修建起来，取代它们的重要地位的是那些依靠铁路资源发展起来的城镇。当我乘坐轮船，沿着密西西比河向下游行驶的时候，美国三百年的历史变迁以及密西西比河的变迁都出现在我的脑海里，我站立在甲板上，凝视着滚滚流去的河水，那种沧桑和古老、现代与变革交织在一起，成为弹奏在我心中的一首命运交响曲。

10月4日补记：此时，我们乘船沿着密西西比河向下游驶去，现在，我们的船在田纳西州和阿肯色州之间行驶。茂密的森林一直延伸到密西西比河的下游，奇怪的是，森林离河岸越近就越显得稀少，河岸上还建造着很多的房子，不过，那些房子没有很好的保存，已经变得有些残破了，其他方面我没看出有什么大的变化。

我们乘坐的船的周围，有十几艘蒸汽船给我们做伴，这些船上载着的都是来自沿河的各个城市的代表，很多的老百姓站在岸边，他们热情地挥动双手向我们致意。到了夜晚，不管在什么时候，只要轮船从一座城镇经过，岸边都是灯火闪闪，照亮了夜空，就像白天一样明亮，有的时候，岸边还会出现有人吹起口哨，另外，还夹杂着人们的吵嚷的声音和问候的声音，我们的蒸汽船为了对老百姓们表达感谢，也会鸣响汽笛，向岸上的人们送去问候，这是对岸上的百姓的最好的回应，正因为这样做，我的睡眠很不好，经常被喧哗声和叫嚷声吵醒。

　　这时候，小船载着17位州长出现了，他们紧紧跟随着我们的大船，这些人我基本都见过，不管怎样，对我来说都是非常有用的，尤其是，当我们的船在旅途中遇到麻烦的时候，他们会帮助我们解决实际的问题。当我们到达圣路易市的时候，出现了很多市民，他们来到岸边看我们。这时候，下起了大雨，雨落在他们的身上，每个人浑身都湿透了，我没戴帽子，光着头，站在大雨中，我面对欢迎我的人群挥动着手里的帽子，尽管我的帽子已经被雨水打湿了，我的脸上带着微笑，这个微笑是送给那些冒雨欢迎我的市民。

　　当我来到伊利诺伊州最南端的城镇开罗的时候，我脸上带着灿烂的微笑，用全部的热情，挥手向欢迎我的人群致意，这时候，我终于发现一个问题，65年前，英国作家狄更斯曾在他的小说《马丁·朱泽尔维特》中，对这座城镇和这里的人民进行了细致的描写，每次想到他的描写，我都会有一种心酸的感觉。

3. 密西西比河上的蒸汽船

在"密西西比"号上，1907.10.1

亲爱的阿奇：

　　这几天，我一直乘船到处旅行，这是我当总统时的最后一次也是最重要的一次旅行。在我眼里，这次旅行与其他的旅行都是一样的，没有什么特别的地方，在我到达爱荷华州的基奥卡克以前，我是这样想的。这时候的我乘坐大船，沿着密西西比河向下游驶去，这是一件让我们都很快乐的事情，不过，我想说，与坐船旅行相比，我更喜欢待在温暖舒适的家里。

　　我们乘坐着一艘尾轮蒸汽船，从这个名字你就可以知道，这绝对是一艘很特别的船。这艘船上有很多绅士，其中包括约翰·麦克亨尼先生，他和我待在一起，另外，塞思·布勒克船长也在这艘船上。我们在河上看到了野鹅、野鸭和鸬鹚，这些鸟儿非常美丽。我们所到之处，人们都乘坐小船来欢迎我们，也有很多人，他们结伴而来，站在岸上，挥手向我们致意并问候我们。

10 月 4 日补记：我敢肯定你一定会认为这些蒸汽船特别好玩，特别有趣，明年春天，我会带着你沿着密西西比河旅行，你一定会非常喜欢的，如果一切顺利的话，你们的妈妈也会去的。小船是没有货舱的，只有一个带着甲板的平底，这个甲板比水面大约高出一英尺，轮机舱矗立在那里，它的两侧是全部敞开的，当你来到小船参观的时候，所有的机器你都能看得清清楚楚。

这条船很有趣，两头都是钝的，大吊架紧靠着舷梯。在大海上航行，这些小船无法经受大海的风吹雨打，但是，在这里它们却是很实用的，因为小船很浅，不管是小船与小船之间的碰撞还是小船撞到了岸上，绝对不会出现任何危险。

此时的密西西比河，就像一个疯狂的野人，奔腾不息地朝前涌去，宽阔的水面上，会出现很多漩涡，一路向前流去，这时候，能带领我们冲出漩涡，并且能辨别清楚航道的只有那些经验丰富的老水手了。领航员们在干什么呢？他们的工作就是没日没夜地待在驾驶室里，任务很简单，那就是轮流值班。这时，航道紧紧贴在堤岸的一侧，一会儿工夫，我们发现，此时，我们的船只能在河面上横过来，但是，却又和另一侧的堤岸紧贴着，又过了一会儿工夫，船行驶到更深的河道上，船不管沿着哪一侧行驶，都是安全的。

紧接着，在浅滩和沙洲之间，我们乘坐的船一会儿驶进去，一会儿开出来，我们像是在爬山，蜿蜒而行。到了夜晚，蒸汽船上所有的夜航灯都亮了起来，陪伴我们的是十几艘小船。当这些蒸汽船紧跟在我们的身后，并且保持弯曲的队形，排成了很长的船队，朝着下游驶去的时候，我禁不住向后面望去，我这才感觉这次旅行真的非常有意思，非常快乐。

4. 在营地的生活（一）

藤萨斯河口营地，1907.10.6

亲爱的埃塞尔：

　　藤萨斯河口就是我们的营地，在我看来，这是个很别致的地方，而且非常的舒服。在这里，我们的马匹住进了大帐篷，猎犬陪我们一起睡在帐篷里，有时候，猎犬还会和笨驴睡在一起。有一位名叫本·里利的白人猎手，他是我们行列里的新人，他刚加入不久，不过，在我眼里，他是一位非常特别的人物，非比寻常的人物，他在森林里生活了很久，从没有离开过森林，今天清早，他就请求加入我们的行列，同他一起来的还有他养的一只狗。他是步行穿越了森林，在路上，他走了一天的时间，他身上没有带水和任何食物，他困的时候，就模仿野火鸡那样，爬到一棵形状弯弯扭扭的树上，睡上两个小时。

　　他长着一张和蔼的脸庞，蓝色眼睛，还长着满脸的胡子。你知道吗？他还是一位信徒，而且非常虔诚，他非常能吃苦，又能劳动，有人把他比喻成熊或者是麋鹿，他能承受任何的困苦，他不怕任何的劳累，整日在风中吃饭，在露天地里睡觉，他完全不在乎这些苦难，而对于他能承受的这些苦难，我们没有一个人受得了。

　　他从不觉得自己花费一天的时间长途跋涉，比我吃早饭之前的 30 分钟的散步更加费劲，他说话的时候总是引用美国归正教会一位传教士的话。这里是一个黑人居住的地区，这里的居民全部都是黑人，而且在我眼里，他们都是一群怪人，这些人中的某些人，他们的身上流淌着印第安人的血，就像《伏都故事集》里的那些人。昨天，我们在路上遇见了一位黑人小女孩，她骑在一匹骡子的背上，她光着大腿，用手牵着一根拴骡子的缰绳。

5. 在营地的生活（二）

藤萨斯河口营地，1907.10.10

亲爱的阿奇：

　　你给我写的每一封信我都很喜欢，每次得到你的消息，我都很开心，好像又和你见面了。我很担心你在拉丁文这门功课上会遇到困难。奥普代克，我觉得他是个很有趣的小家伙，你喜欢他并且愿意和他交朋友，我为你高兴。我想知道的是，你在橄榄球方面是否有大的进步？

　　在营地里，我们一只熊也没有发现，我打猎了，并且猎到了一只鹿，我还拍了一张图片，并且把这张图片邮寄给了克米特，我想，他一定会很喜欢的。告诉你一件趣事，有几只野猫被一个小男孩给抓住了，一只野猫是掉进了男孩设下的陷阱里，你知道男孩是怎么抓野猫的吗？男孩准备了一个空盒子，他只需要把空盒子朝野猫推过去，野猫就钻了进去，它想躲藏起来，怕被人抓住，结果，它竟然掉进了陷阱里，就这样，男孩就用很简单的方法活捉了一只活蹦乱跳的野猫；另外一只野猫，它很机灵，没有躲藏在盒子里，它是跳到男孩的头上，它用爪子敏捷地抓住了男孩的头发！

　　在营地里，我们带了很多猎犬，每到夜晚，营地里生起了篝火，它们就会慢慢地走过去，坐在篝火旁边，脸上带着严肃的表情，一动不动地看着篝火发呆。兰伯特医生是个钓鲈鱼的高手，他站在河边，一会儿的工夫，他就钓到了不少鲈鱼，在营地的餐桌上，我们吃掉了这些鲈鱼。

6. 小木屋和猫咪

斯坦布尔，路易斯安那州，1907.10.13

亲爱的昆廷:

我们重新换了一个营地，搬到了这个地方，在这里，我们看到了一间小木屋，这些小木屋不是建筑师建造的，而是由那些偶然来到这个地方的猎人和钓鱼的人建造的，夜晚，他们就在小木屋里睡觉。在小木屋的周围，唯一的动物是一只可爱的小猫咪，它看到我们，不会躲藏起来，而是走到我们的面前，做出讨人喜欢的样子，于是，我们发现了关于这只猫咪的秘密：它独自在这里生活，竟然长达两年的时间，不知道它如何获得食物，如何生存下来的。

后来我们才知道，这只小猫有寻找食物的秘诀：当它看到有人来到小木屋的时候，它就会跑过去，多给自己弄点人们吃剩的东西，当人们离开小木屋以后，它就只能依靠自己的能力到处去寻找食物了。我们刚看到它的时候，它看起来又瘦又小，现在，它的体形开始变胖了，因为，它能吃到足够多的食物。

当这只猫咪面对猎犬的时候，它的脸上带着镇静的神情，丝毫也看不出惊慌失措的样子，更有意思的是，当它走在很多猎犬中间的时候，猎犬们根本不会特别关注它。现在，我们把营地安在湖边，今天早晨，在我们吃早饭以前，我在湖里游泳，觉得非常舒服非常愉快，在这里，空气很凉，水却很温暖。

今天晚上，月亮升上了天空，皎洁的月光照在湖边，我在月亮的陪伴下，来到湖边，我要在湖上划船。每个夜晚，我都会听见一种特别神秘的笑声，我终于明白，那是猫头鹰发出的叫声。

7. 总统猎熊记 （一）

大熊河口，1907. 10. 16

亲爱的阿奇：

今天，我们没有好运气，走了很久，竟然没有遇到一只熊。可我们还是有收获的，我们猎到了很多的鹿，我们终于可以吃到美味的鹿肉了，这些鹿肉，我们能吃上好多天，猎犬们也有自己的收获，它们捕捉的猎物是一只野猫。我们的营地让我们感到很舒服，到了夜晚，我们在营地燃起了篝火。

一位农场主和我们住在一起，他是一位猎熊高手，他对我说，以前，他在这周围见过一只熊，当猎狗们跑到它面前的时候，这只熊忽然躺在地上，头朝天平躺着，它伸展开四肢，此时，猎狗们围着它疯狂地叫着。突然，这只熊从地上起来了，它在地上坐着，所有的狗被它吓坏了，这群猎犬慌忙逃跑，它们边跑边叫唤着，看来，它们是被这只熊吓坏了。

在这个营地里，还有一个猫咪，它看上去很漂亮、性格温驯，它从不靠近我们的营地，独自躺在外面，它的食物是老鼠、蜥蜴和小鸟，但对每一位来到这里打猎的猎人们，它的态度都是很友好的。我终于猎到了一只熊，刚刚打到的，我在给克米特的信中谈到了这件事情。

8. 总统猎熊记（二）

回华盛顿的途中，1907. 10. 22

亲爱的特德：

我要告诉你的是：我这个"坏老爸"已经结束了我的打猎生活，正在返回华盛顿的途中。这次旅行非常成功，我们打到了很多猎物，有熊还有鹿。不过，在我看来，我们只是打到了一只熊，我们在捕熊方面只是获得了一次小小的成功，没有什么可以炫耀的，因为，那可是在我坚持了 20 天的打猎生活以后，克服了很多的困难，费了很多的气力才打到了这只熊。

当时的猎熊场面很有趣，我采用猎人最常使用的打猎方式，朝那只熊开了一枪，子弹正好射中了它，紧接着，这只熊被我们赶到了一片甘蔗林里，此时，前面出现了很多的猎狗，它们挡住了它的去路，熊已经被我们和猎犬包围了，它已经无路可走，只能服输。

在这次打猎中，我竟然还打到了一只鹿，这次打猎全靠运气。这次猎鹿，对我来说，是一次非常困难的过程。

9. 昆廷的恶作剧

回华盛顿的途中，1908.1.2

亲爱的阿奇：

星期五的夜晚，昆廷过得很愉快，因为他有三个朋友来到白宫，陪他一起度过一个快乐的夜晚，这其中，就有塔夫脱家的小男孩，他们整个晚上都很兴奋，一晚上他们都在疯狂地打闹，他们的神经已经处于高度的兴奋状态，直到他们玩到筋疲力尽的时候才睡觉，他们睡的时间很短，只睡了一到两个小时。

我并没有太多干涉他们，只是出去制止了一次，那次出现是为了制止昆廷的一个恶作剧。事情是这样的，当其他的几个孩子都爬到床上的时候，昆廷拿出了硫化氢这种化学液体，他竟然要把它倒在其他几个孩子的身上。

这些孩子们和昆廷玩得很开心，这时候我才突然发现，他们已经开始长大了，他们不会再邀请我参加他们的游戏，他们不再需要我这个大人当他们的玩伴了，我忽然有了一种感觉，我认识到自己开始变老了，而且，这些年又是这样的忙碌，每日忙于工作。你还记得我们在白宫里一起玩捉迷藏的往事吗？你还记得那些年，你带着好朋友来到白宫，我们一起在大厅里玩游戏，那是障碍赛跑的游戏，这些事情你还记得吗？

对你妈妈来说，她的日子一直过得很快乐，她仍然喜欢那只名叫"斯坎普"的小狗，它确实是一只特别讨人喜欢，特别机灵的小狗，斯坎普对人是有感情的，但是，当我们来到院子里看它的时候，它总是特别的忙，它正在用最快的速度从场地的这一头跑到场地的那一头，它跑的路线是之字形的。

◣第十七部分◥

总统与文学之父

　　罗斯福是一位喜欢读书、热爱文学的总统，在担任总统期间，他给很多作家写过信，并且多次邀请作家在白宫用餐。在写给孩子们的信中，罗斯福与孩子们探讨文学。1908 年 2 月 23 日和 29 日，罗斯福给克米特写过两封信，他和儿子谈论最多的是狄更斯和他的作品。在罗斯福的眼里，狄更斯是一位多愁善感的作家，他不是绅士，虽然，他承认狄更斯的作品非常优秀，但是作品中描述的事情却混合了平庸和低劣，不过，他仍然喜欢狄更斯的作品。1908 年 3 月 4 日，罗斯福在给克米特的信中摘抄了狄更斯的文章《给有趣后代的建议》，他认为，这是给那些和平协会和反帝协会的愚蠢者阅读的最好读物。罗斯福不仅喜欢阅读作家的作品，他还和作家成了好朋友，他曾邀请美国博物学家、著名作家巴勒斯到派因诺特度假。

1. 不是绅士的狄更斯（一）

白宫，1908.2.23

最亲爱的克米特：

　　你在信中表达了自己对汤姆·品奇的厌恶，我非常赞同你的观点，这个人物的性格是卑劣的，但是，这种人物正是狄更斯最喜欢的，因为狄更斯本人和他的性格很相似，狄更斯也是那样的多愁善感，正像有些人说的那样"不加掩饰地过度沉湎于悲惨之中"。谈到狄更斯，我对这位作家非常有兴趣，我经常想：狄更斯写了很多优秀的作品，这些作品都是一流的，而这些作品描写了很多低劣、平庸的事情，让人看了以后，心情都很沉重。我非常喜欢狄更斯，在他所塑造的所有的人物中，有很多很多的人物，他们竟然成了某些品格的象征，比如：愚蠢、恶行和美德，他笔下的人物竟然和班扬笔下的人物是相同的。

　　因此，我这样认为，聪明的做法，就是在作品中删除那些空话、假话、套话、废话和粗话，再从其他的作品中汲取精华的东西。我想说的是，萨克雷和狄更斯，这两位优秀的作家，他们的精神世界是完全不同的，那就是：萨克雷是一位绅士，狄更斯不是一位绅士。狄更斯创作出了许多很优秀的作品，但是，他无论从哪方面来说，都不能称得上是一位绅士。

2. 不是绅士的狄更斯（二）

白宫，1908.2.29

最亲爱的克米特：

你提出的关于《马丁·朱泽尔维特》的观点，我是非常赞同的。但是，在我看来，狄更斯在自己的作品中暴露了他性格中的缺点，那就是刻薄，我这样说出来，丝毫不惧怕别人对我进行攻击。相反的是，每个美国人的性格中都有很多缺点，而且美国人有时候很愚蠢，也有很多不良的习惯，这些，作为典型性格来说，都是不朽的，而且，不管怎样，我们每一个美国人都能从研究这些典型性格中获得很多益处。

在我的眼里，狄更斯就是一个粗人，他还是一个自私的无赖和恶毒的人，他永远无法理解"绅士"这个词的意义，在他的心里，他永远无法懂得这样两个词汇，一个是热情好客，一个是善待他人。狄更斯看不到高尚和伟大。这些品质，在美国这个地方，对于那些视野开阔，眼界很高，有敏锐的眼力的人来说，他们都能看得清清楚楚，明明白白。

狄更斯根本无法看到那些正在成长的年轻人身上的优秀品质，正是因为他们拥有了这些品质，才使他们成为征服西部的勇士，在南北战争中获得最终的胜利。在这些年轻人当中，涌现出了一批领袖人物，比如：林肯、李和格兰特。在狄更斯眼里，他始终认为纽约这个地方是不会有绅士出现的，即使他与一位绅士相遇，他也会无视绅士的存在。自然的，狄更斯就会对美国人进行谴责，那是因为，狄更斯无法理解美国人的心理，不理解美国人真正要做的事情。

但是，狄更斯擅长一种事情，那就是在他的作品中，用尖酸刻薄的话语来描写人物，比如他塑造的那些人物，其中包括斯卡德、杰斐逊·布里克、以利亚·伯格拉姆、汉尼拔·肖洛普和霍米尼夫人，还有其他的各种各样的人物，包括大人物和小人物，正是他的作品中的这样一些人物，让我特别喜欢阅读《马丁·朱泽尔维特》。如今，我们仍然和狄更斯笔下塑造的大多数的人物生活在一起。

3. 给有趣后代的建议
1908. 3. 4

最亲爱的克米特：

最近，你给我写的信，信中谈到了狄更斯。正好，洛奇参议员曾经给了我一段狄更斯写的文章，我把这段很妙的文章摘录下来，给你看看，这个片段是摘自狄更斯写的一篇文章，题目是《给有趣后代的建议》：

"我建议，如果绅士们的身体生就了一副相术上所谓的好斗的、对抗性的器官的话，那就只能诱导他们去组成一个'和平演讲协会'，以大量的战争叫嚣反对所有的异己者；只要能说服他们雄辩地总结出战争所带来的许多难以言喻的悲惨和恐怖，并把这些介绍给他们自己的国家，为它正愁找不着理由反对战争提供一个无可置疑的理由，因为它正在成为最初决意要造成这些悲惨和恐怖的那位暴君的牺牲品——这也是为什么我真的相信：我们应该把这则妙不可言的笑话收录进'留给后代的笑话全集'，然后，我们就可以袖手旁观，松一口气，确信我们为了那些有眼力的先辈们的娱乐消遣已经做得够多了。"

我想，我要站在那些愚蠢无知的和平协会和反帝协会的负责人面前，把这段话大声地宣读，让他们知道，他们的行为是多么的荒唐可笑。

4. 昆廷成为棒球手（一）

白宫，1908.3.8

最亲爱的阿奇：

　　告诉你一件有趣的事情，昆廷在学校成了棒球手。昨天早晨，昆廷带着他们学校棒球队的所有队员，来到白宫的草坪上进行棒球训练，棒球队的队员一共有 9 名。我待在一边，看着他们打棒球，心情愉快，昆廷表现得不错，他完成了一次跑垒，获得了分数。看着昆廷在棒球场上奔跑的样子，我就情不自禁地想起了你，当年，你也曾经带着学校橄榄球队来到白宫练球，那时候的场景又在我脑海里浮现。

　　忽然，让我想起了曾经发生的很多事情，你还记得吗？当年，在橄榄球队中，你们这些队员之间竟然发生了争吵，原因很简单，是因为与棒球队的破裂有关。最后，他们把橄榄球队的一个小男孩赶走了，昆廷向我做过保证，他说：这个小男孩是小镇上最卑鄙的男孩子。我特别喜欢看昆廷练习棒球的样子。昆廷成为棒球手，让我对他有了很大的期望，我认为，在我的几个儿子当中，最少会有一个儿子能够成为一个优秀的棒球手，不会像我当年那样，在棒球方面一窍不通，昆廷用自己的实力向我们证明，他有能力打好我们的国球，会成为我的骄傲和国家的骄傲。

　　埃塞尔的家庭里来了一个新成员，它的到来给她带来了很大的快乐，它是一只白色的杂种犬，到目前为止，它的个头比一只幼犬大不了多少。埃塞尔给它起了一个好听的名字，名叫迈克，迈克对人非常有感情，我每次看到它的时候，它都紧紧跟着埃塞尔，非常听话。我们的小狗斯坎普是一个身手不凡的捕鼠者，它被称为老鼠杀手，因为，它在白宫里消灭了很多老鼠，无论是在地窖里，还是在地板下面或者是在机器中间。斯坎普是一只能给人带来快乐的小狗，它还是捕鼠能手，在捕鼠的技能方面，已经超过了猫。

5. 昆廷成为棒球手（二）

白宫，1908.3.15

最亲爱的阿奇：

　　如今，昆廷对棒球非常有兴趣。昨天，在白宫的草坪上进行了一场棒球比赛，比赛的双方分别是：佛斯学校棒球队和 P 街棒球队，昆廷在佛斯棒球队里面打二垒。比赛那天，昆廷在草坪上画了线，并且把比赛的场地都准备好了。结果，佛斯学校队赢得了这次比赛的胜利，比分是 22 比 5。

　　后来，我对昆廷说，我非常担心 P 街的孩子们的情绪，他们输了球，心里肯定会不舒服。昆廷听了我的话，回答说："哦，我猜肯定不会。您不知道，我给他们喝了很多柠檬水，他们都喝得很舒服，他们不会因为输球就难过。"

　　你知道吗，昆廷的棒球队里还有一个男孩名叫查里尔·塔夫脱，他是个可爱的男孩。

　　你听说过埃塞尔的事情吗？她家里那只新来的名叫迈克的小狗和她发生了一件不愉快的事情。事情是这样的：埃塞尔和菲茨·李一起出去骑马，菲茨·李骑的是一匹名叫罗斯韦尔的马，埃塞尔骑着马，迈克跟在它的身后。这时候，意外发生了。

　　刚开始的时候，小母马菲德利蒂一不小心踢了迈克一脚，接着，迈克，这只斗牛犬张嘴咬了小母马菲德利蒂的脖子。埃塞尔着急起来，她做了一件大胆的事情，竟然和迈克搏斗起来，这时候，菲德利蒂敏捷地向前跳跃了一下，很快摆脱了迈克。

后来，埃塞尔骑着菲德利蒂向前飞奔。但是，等埃塞尔骑马的速度缓慢下来，迈克用极快的速度追了过来，朝着菲德利蒂发起猛攻。迈克咬住了菲德利蒂的肩膀，并想去咬菲德利蒂的脖子，埃塞尔牵着马缰绳，机灵地躲开了迈克的攻击，迈克的两次攻击都被埃塞尔躲开了，她骑着马继续朝前奔跑。

此时，菲茨·李竭尽全力想要抓住迈克这只小狗，结果，他根本无法抓住它。终于，当迈克一口咬住了菲德利蒂的后腿的时候，菲茨·李抓住了迈克，他很得意，他抓住迈克把它揍了一顿，这样做想让迈克变成一只顺从主人的乖巧的小狗，这是迈克应得的惩罚。

不过，菲德利蒂的身上留下了伤口，那都是迈克的牙印，我庆幸的是，埃塞尔能稳稳当当地骑在马背上而没有从马上摔下来，真的是天大的奇迹，我很担心那匹受伤的小母马在受到惊吓后会不停地跳跃，不停地奔跑或者是扬起它的马蹄，大声嘶鸣。

6. 四个淘气的男孩

白宫，1908.4.11

最亲爱的阿奇：

埃塞尔家新来的那只八个月大的斗牛犬迈克咬伤了小母马，差点让她在马上出意外，这对她来说是一场考验，幸亏她的骑术精湛，避免了从马上坠落的风险。但是，这只名叫迈克的小狗很机灵，它对埃塞尔很友好，它时常扭动全身，好似在向埃塞尔倾诉心声，它很渴望得到她的爱抚。

告诉你一个好消息：在棒球方面，昆廷确实有了很大的进步，他已经成为一个不错的棒球手。最近的两场比赛，他都取得了不错的成绩，他完成了一次安打，并且完成了一次跑垒，获得了分数。不过，我把昆廷和他的队友们狠狠地教训了一顿，我不得不这样做，现在，我就来告诉你，我为什么要教训他们。

昨天下午，华盛顿开始下雨，因为是下雨天，昆廷和他的小伙伴不能到外面玩耍，他们只能待在白宫里，他们玩了 5 个小时后开始疯狂起来，从头到尾，他们都想做出危险的动作。最后，他们感觉到无聊，于是，他们拿来纸，并且用唾液把纸弄成湿乎乎的纸团，他们把湿纸团朝着挂在墙上的肖像画扔去，他们是故意这样做的。

吃过晚饭以后，我走出餐厅，才发现挂在墙上的肖像画上面粘着湿纸团，我当时很生气，走进昆廷的房间，把他从床上拽了起来，我严肃地命令他，让他把粘在肖像画上的湿纸团全部清理干净。今天一大早，我让他把另外三个参与扔湿纸团的男孩子都叫到我的跟前。我对他们清楚地说，他们的行为不是绅士，他们的行为就像一群粗俗的野人，在绅士的家里，他们做出这样的事情，简直是一种耻辱，这样的行为是应该受到批评和惩罚的。

我严肃地对昆廷说：从今天开始，不允许他的任何朋友来看他，同时，也不欢迎其他三个男孩来白宫玩耍，这是对他们进行的惩罚，至于要惩罚多长时间，那得由我来决定的，只要我认为惩罚的时间足够了，才可以免除惩罚。当我把这四个小男孩教训完了以后，他们站在那里，低着头，脸上带着羞愧的神情，看来他们知道自己犯了错误，知错就改，才是好孩子，这四个淘气的小家伙，此时，已经变成了四个羞怯的小男孩。

7. 文学之父和飞鼠

白宫，1908.5.10

最亲爱的阿奇：

我和你们亲爱的妈妈正在派因诺特度假，我们都非常愉快，和我们在一起度假的还有一位自然文学之父，他名叫约翰·巴勒斯先生，我一直叫他约翰叔叔，有他陪伴在我身边，是我最开心的事情。但是，他在一天夜里做了一件丢脸的事情。

去年圣诞节的时候，我们在那个房间里养了一窝飞鼠，那些飞鼠在那里建了一个家，从前，你总喜欢睡在那个房间里，现在，这个房间住着约翰·巴勒斯先生。夜晚，房间静悄悄的，飞鼠们想要在晚上举行一次盛大的狂欢活动，它们不停地叫着。听到飞鼠们的叫声，我和你们的妈妈根本就不在意，其实，与它们的叫声相比，我们更喜欢听到飞鼠们到处乱爬发出的声音。

那天夜里，两只飞鼠突然打起架来，其中的一只飞鼠掉到了地板上，并且发出叫声，它的叫声很大，把约翰·巴勒斯先生从睡梦中吵醒了，他从床上爬起来，花费了一个小时的时间，开始到处寻找飞鼠们的巢穴，当他终于发现飞鼠们的巢穴的时候，他立刻把巢穴从墙壁上拿了下来，他伸出大手，把两只小飞鼠从巢穴里抓了出来，他把它们放进了一只竹篮里。

第二天，我们看到了竹篮里的飞鼠，在你们亲爱的妈妈的耐心指导下，我把那两只飞鼠从竹篮里拿了出来，不过，在搬运飞鼠的时候，它们用牙齿咬了我的手指，我的手指上留下了小小的牙印。接着，我把两只飞鼠带到了我们的房间里，把它们放了出来，我把飞鼠们的巢穴轻轻地放回到了原来的地方。

约翰·巴勒斯先生没有从抓住飞鼠这件傻事中得到任何好处，现在，我终于发现，这些飞鼠们比以前更加活泼好动了，这些发生在它们家庭中的麻烦却让它们更加烦躁不安，在夜晚，它们还是不停地叫着，巴勒斯先生再也不去捣毁它们的巢穴了，因为，他知道自己这样做是没有任何好处的。

第十八部分

昆廷的趣事

　　昆廷是罗斯福最小的儿子，他聪明又可爱，调皮又淘气。从 1908 年 5 月 17 日到 12 月 3 日，罗斯福给阿奇和克米特写了 7 封家信，这些信中都写了昆廷的趣事。昆廷喜欢玩棒球，球技不错，他带领的棒球队赢了很多比赛；昆廷经常惹祸，他竟然把蜂窝带到了学校，让蜜蜂们无家可归；昆廷是个机灵鬼，他曾卖过小猪，他花钱从黑人那里买了一只小猪，然后，他乘坐列车把小猪卖给了动物学家施密特，他挣到了一点零花钱，不过，他心里还是很得意的。冬天到来的时候，昆廷把精力用在了学习上，成绩优秀，同时，他兴趣广泛，喜欢滑冰、喜欢橄榄球、喜欢工程作业和电工作业，对机械学很感兴趣。在华盛顿，昆廷结交了很多朋友，他还参加了曲棍球队，他在渐渐地长大。

1. 美丽的草坪和蜂窝（一）

白宫，1908.5.17

最亲爱的阿奇：

　　昆廷快成为职业棒球手了，他把所有的精力和时间都花费在棒球运动上。如果在比赛中，对方的投手很差的话，他也能打出一个安打，在很多比赛中，昆廷率领的棒球队赢得多场胜利。

　　春天来了，白宫草坪比任何季节都美丽，我很喜欢这个草坪，觉得它是最可爱的地方。现在是春天，在我的心里，总有一种初夏的感觉。站在这里欣赏白宫的景色，到处充满生机，我的心里也充满了活力。

　　如今，花园太漂亮了，到处开满了鲜花，到处有绿色的生命，那些正在盛开的铁线莲和玫瑰，把南面栅栏的铁栏杆都覆盖了。参天的茂盛的树木，绿色的小草，这些自然界中的植物，在我的眼里，生机勃发。还有那些展翅飞翔在蓝天的鸟儿们，它们成群结队，使出全身的力气，朝着北方飞去。

2. 美丽的草坪和蜂窝（二）

白宫，1908.5.30

最亲爱的阿奇：

　　在这个星期里，昆廷有了几次冒险的经历，虽然，他的咳嗽非常严重，他的冒险总被病痛打扰。昆廷开始把注意力集中到蜜蜂身上，他对这种小动物产生了兴趣，前几天，他的病好了，就走出了家门，打算去某个地方摘个蜂窝玩玩。与他一起同行的还有一个小男孩，他看上去像一个混血儿，我还向昆廷问起了男孩的名字。

昆廷回答了我的问话，不过，从昆廷的回答中，我知道了男孩的名字，这个名字听上去更像一个意大利人的名字。我问昆廷，这个男孩的父亲是做什么工作的？昆廷回答："他父亲管着一个水果摊。"后来，他们一起出去抓蜜蜂，昆廷抓到了蜜蜂，把蜂窝带到了学校，他想让同学们佩服他。

就在昆廷给同学们看蜂窝的时候，其中的一些蜜蜂飞了出来，被留在了学校里。后来，昆廷是这样评论的："哎，这些无家可归的可怜的倒霉蛋。"昨天，他们给平静的校园生活增添了一点儿孩童的趣味和热情。目前，那只蜂窝安静地待在白宫的花园里，不过，小狗斯坎普却趴在一边，用眼睛紧紧地盯着蜂窝不停地看着，我发现，它观察那个蜂窝已经有好几个小时了，用不了多长时间，它就会慢慢地靠近蜂窝，并且开始研究蜂窝，紧接着，斯坎普就会对蜂窝做出很多出乎意料的事情。

今天下午，昆廷咳嗽了，我们不同意他打棒球，他就在旁边记录队员们的棒球比赛的成绩。这时，一只飞过来的棒球击中了昆廷的眼睛，对昆廷来说，这太倒霉了。昆廷却表现得非常勇敢，我们让他进屋去休息，他拒绝了，他一直坚持到比赛结束。我无法想象，他忍着伤痛竟然坚持了一个小时左右。

等比赛结束，昆廷的眼睛已经肿了，后来，医生用一根绷带缠上了他的脑袋，并且把那只受伤的眼睛遮住了，他看上去像一位非常勇敢坚强的棒球英雄。那天，我们吃完晚饭以后，我走进他的房间看看他的伤情，当我走进他的房间，看到他的形象，我乐得合不上嘴，我看见他躺在床上，手和脚都朝天，他正在念祈祷文，小姐就跪在床边。

我看不明白，于是，琢磨了很长的时间，终于搞明白了。原来，小姐跪在床边是想让昆廷明白一个道理：躺着四脚朝天念祈祷文的做法是不正确的，正确的做法是跪在床边念祈祷文。不过，眼下的情形，昆廷的眼睛受伤了，还不能跪下来祈祷，那么，只好由小姐代替他跪下祈祷了。

3. 想做印象派的昆廷

蚝湾，1908.6.29

尼古拉斯·朗沃斯夫人：

　　不管从哪一方面去看昆廷，他都是个非常可爱的孩子。前几天，昆廷的双腿被太阳晒伤了，而且非常严重，他的腿红肿并且长了很多的水疱，看到昆廷遭受这样的病痛折磨，我非常难过，我的工作太忙，没时间陪他去看病，陪他去诊所看病的是他的妈妈，她真的是一位非常好的妈妈，我想，你肯定也会这样说的。

　　当昆廷看着自己那双长满了水疱而且变得红肿的双腿后，他丝毫没有感到害怕，也没有惊恐的表情，反而对着自己的双腿发表了一番感慨，他是这样说的："看着我这双红肿的双腿，我忽然想到印象派画家莫奈的绘画，他画的日落的景象，不就是这样的吗?"昆廷说完，他休息了一会儿，又继续说道："以后，我一定要加倍小心，不会再让太阳把我的双腿晒伤了，我真的不想以后再患上这种病了。爱伦·坡的叙事诗里，有只大乌鸦曾这样说过：'决不再有了。'"

　　我对昆廷可以随便引用爱伦·坡的诗，并没有感到吃惊和意外，可是，我确实非常想知道一件事情，这个小家伙今年只有10岁，他究竟是从哪里得知的有关印象派画家莫奈的绘画知识的呢?

4. 昆廷卖小猪

白宫，1908.10.17

最亲爱的克米特：

昨天，你可爱又淘气的弟弟昆廷做了一件在我看来很特别的事情，当他得知，著名的动物学家施密特很想要一只小猪的时候，他马上有了一个想法，他要想办法买到一只小猪，然后卖给施密特，这样就可以挣到一笔钱。于是，昆廷来到学校附近，见到了一位年龄很大的黑人，他以前见过这位黑人养了很多小猪。

昆廷掏出钱来买了一只小猪，他把小猪放到了一只准备好的口袋里，他避开了学校的老师和同学，他那时候就在想：如果学校里的同学们看到他带着一只小猪上学，他们不知道会有什么样的感想。昆廷乘坐上一辆卡车，返回了家中。

等昆廷带着小猪回家以后，让他意想不到的事情发生了，那只小猪从口袋里跑了出来，昆廷开始想尽办法抓住这只调皮的小猪，终于，在他筋疲力尽的时候，抓住了这只小猪，正像昆廷自己描述的那样，他怀里抱着一只会尖叫的小猪，带着它踏上了旅途。当昆廷来到火车站的时候，车站的售票员是他的朋友，他很顺利地就坐上了火车。

后来，昆廷算了一笔细账，他为了购买这只小猪花费了1美元，然后，他把这只小猪卖给了施密特，价格是1.25美元。昆廷挣到了钱，哪怕那点钱是很少的，他也非常高兴。从此，他觉得，他和施密特先生之间已经建立起了公平诚信的买卖关系。紧接着，施密特先生拿出一条红丝带给小猪系在脖子上，带着小猪来到大街上，目的就是想告诉大家，他有了这样一只可爱的小猪是多么幸运。

　　我估计，带着小猪去大街上展示的不是施密特，肯定是昆廷，后来，他对我说到这件事情的时候，他说的不是很清楚，他不知道我们对他做出这种事情的态度是支持还是反对。

5. 岩溪公园历险记

白宫，1908.11.8

最亲爱的阿奇：

　　这段时间，昆廷不再像从前那样淘气了，他在各方面都有了很大的进步，尤其在橄榄球方面进步很大，他在球队里是中锋，他在少年网球比赛中竟然进入了半决赛，这是让我和你们的妈妈都很开心的事情，当然，他自己也很得意。更加让我感到高兴的是，在学习成绩方面，他的表现也让我们很满意。

　　在交友方面，他一直能和其他孩子们友好相处，他非常喜欢学校里的生活。现在，昆廷已经变成了一个小小的男子汉，看着他慢慢长大，我为他自豪。这段时间，克米特待在家里，他已经变成了一个没有缺点的孩子。

　　前段时间，我去岩溪公园爬山，没想到，我竟然在那里经历了一次历险。那天，我走到一块岩石的前面，这是一块看上去非常光滑的岩石，好多年以前，我们来到岩溪公园，只要用手抓住岩石上凸起的小疙瘩，我经常称它为纽扣，我就能从这块岩石上走过去。但是，那一天，在我身上，发生了一件意想不到的事情。

　　这块岩石上凸起的小疙瘩的顶部松动了，它是从我的拇指和食指之间脱落的。奇怪的是我没有用力推动岩石，但是我的身体失去了平衡，我发现自己正在向下坠落，最后，我掉进了很浅的溪水里，我从溪水里走上岸的时候，一切都是那样顺利，我的身体没有任何损伤。

6. 昆廷的那些趣事（一）

白宫，1908.11.22

最亲爱的阿奇：

　　你给昆廷邮寄来的短信和两美元的钞票，我已经交给他了，他看了短信和钞票后，真是特别开心。昆廷的腿上绑着石膏，正面带痛苦躺在床上，他看着我转交给他的两美元的时候，眼里闪过一丝兴奋的表情。对大人来说，两美元是非常微不足道的，可对于昆廷这个淘气的男孩来说，他可以用两美元购买一辆小蒸汽机车，以弥补病痛给他带来的折磨，这个东西在他的眼里简直就是让他快乐的理由。今天，昆廷想要出去拜访几个好朋友，虽然他的腿上还绑着绷带。昆廷最近迷上了机械学，他对这门学科产生了非常浓厚的兴趣。

7. 昆廷的那些趣事（二）

白宫，1908.11.27

幸运的阿奇：

　　我得到你的消息，知道你在学校度过了很多快乐的时光，我真的感到很幸福。我想高兴地对你说，现在的昆廷，已经把全部的精力和时间用在学习上了。他把自己当成一名优秀的"伊皮斯科珀高级中学"的学生，他看到每一件事情，都很有兴趣，他总喜欢去研究这些事情。

昨天，我们在白宫度过了一个快乐的感恩节，他的很多朋友来到了白宫。告诉你一个关于昆廷的好消息，绑在他腿上的石膏绷带已经给拆除了，这样的伤情，也丝毫阻挡不住他爱玩的天性，这些天来，他不停地玩橄榄球或者去溜冰，他有时候也做点工程作业和电工作业，经常到处乱跑；有时候，他把自己关在白宫里和朋友们玩游戏或者玩闹。感恩节那天，昆廷竟然还到屠宰场去了一次，为了准备感恩节的晚餐，他回来的时候，抓了一只很肥的小猪。

埃塞尔把所有的精力都用在了埃斯的身上，同样，它也特别喜欢和埃塞尔待在一起。前几天，埃斯消失了，它沿着街道悠闲的散步，很快，它就从街道的一边跑远了，不幸的事情发生了，埃斯来到一间马厩里，在那里，它发现了一只小猫，它冲动起来，跑过去，张嘴就咬小猫，小猫被它咬死了。当我们找到埃斯的时候，我们忽然发现，它竟然被人用绳子绑住了，动弹不了。

其实，我心里非常清楚，你们的妈妈一直很想念斯坎普，可是，她又说自己根本不想念斯坎普。那是因为，我们的花园里来了很多新客人，那是一群活泼淘气的小松鼠，它们个个聪明又机灵，而且看上去是那样的温顺。它们拿出很多时间在草坪上活动，蹦蹦跳跳的样子非常可爱，有些松鼠还沿着小路跑过来跑过去，就像你们在白宫的地板上那样奔跑。不管我们在什么时间散步，总会在花园里见到它们，每次，当它们看到我们的时候，它们都在玩着自己的游戏，从来不懂得惧怕我们，我们太喜欢这些小松鼠了。

8. 昆廷的那些趣事（三）

白宫，1908. 12. 3

最亲爱的阿奇：

在圣诞节来临之前，我忽然有了一种预感，这种预感是那样的强烈，竟然让我有点不安，我一直在思考一个问题：圣诞老人每年出门以前，不会忘记看时间吧！星期一，里克西医生带着昆廷外出打猎，这次打猎，他们的收获很大，打到了三只野兔，我觉得这三只野兔肯定很美味。

昆廷回来时，你们的妈妈把他带到我的办公室，昆廷一只手里拿着枪，另一只手里拿着他打到的三只野兔，看到昆廷的时候，我愣住了，他的全身很脏，浑身都是泥巴，看起来就像滚了一身泥巴的小猪，不过，他的脸上带着得意扬扬的神情，那样子似乎在告诉我：我虽然全身很脏，可我打猎回来了，还打了三只野兔。你们的妈妈脸上带着兴奋的表情，我一看就知道，她为昆廷感到骄傲。

这几天的快乐时光很快就过去了，用不了几天的时间，昆廷的假期结束后，他要回到学校了，每天他都要过住校的生活，只要他回到学校，他就会做个听话的好学生，他会把玩野的心收回来，安安静静地待在学校里，他一直这样对我们说，他宁肯待在学校里，也不想去格罗顿。

终于，在你们的妈妈的耐心劝说下，昆廷答应去格罗顿，他开始长成大人了，能够听取大人的意见而不是一意孤行。在华盛顿，昆廷有很多很多的朋友，他们来自不同的行业，他总喜欢和他们在一起，这其中也包括曲棍球队的朋友们。昆廷的曲棍球队很少参加曲棍球比赛，偶尔能参加几次比赛，他们就高兴得不得了，他们的很多时间都在训练球员，只是训练的过程很苦。但只要昆廷喜欢，那就值得了。

◤第十九部分◢

最后一次打猎

    1909 年，罗斯福从总统的职位上退了下来，以前忙碌的总统，现在变成了悠闲的人。于是，罗斯福带着儿子克米特去非洲打猎。在非洲，罗斯福和克米特以及同行的朋友们露宿在野外，夜晚，他们会听到土狼的嚎叫，会听到狮子的叫声，他们并没有感到恐惧，而是对这些野生动物充满了好奇。在非洲，克米特很快成长为真正的荒野猎手，他猎到了一只豹子，这是他第一次打猎，也是他的第一个猎物，他的兴奋之情，难以用语言形容。罗斯福在写给女儿埃塞尔的信中，夸奖克米特是一个拥有高雅品位、喜欢文学、胆子大、能吃苦的男孩。在罗斯福离家打猎的日子里，他不停地给孩子们写信，表达他的思乡之情。这最后的一次打猎，罗斯福猎到了一只很大的羚羊，这对他来说是个很大的收获。

1. 荒野猎手克米特

在内佐河上，1909. 11. 13

亲爱的埃塞尔：

自从我从总统的职位上退休以后，大家都叫我罗斯福上校，我熟悉的朋友们都喜欢这样称呼我，我心里很快乐。我终于可以带着克米特来到非洲，开始我们早已向往的打猎旅行，在离开家的日子里，我非常想念你和你们的妈妈。

离我们居住的地方不远，有一条河，它是一条热带河流，河流的周围，到处都是野生动物，这周围看不到村庄，也见不到任何一个人的影子。到了夜晚，很多土狼就会悄悄地来到我们的营地，它们在周围埋伏着，并且发出奇怪而恐怖的嚎叫。有一天的晚上，我们竟然听到了狮子在夜晚的吼叫声，但是，我们只闻其声，从没见到这只狮子的身影。

告诉你一个好消息，昨天，克米特打到了第一个猎物，它是一只凶猛的豹子，我表扬了他，他真是一个荒野猎手，枪法很准，他表现得很出色。在旅行的这段时间，我和克米特每天待在一起，我发现：他的身上有一种优雅的气质，他喜欢阅读，尤其是喜欢文学作品，我称他为：欣赏文学的大男孩。同时，克米特还有另一面，他胆子很大，能吃苦，有耐力，就像一个运动员。

克米特是一个优秀的荒野猎手，他骑术精湛，遇事冷静，从不慌张，反应敏锐，胆子很大，视力很好，特别吃苦耐劳。这次旅行，我们喜欢坎宁安、塔尔顿，另外，我们还喜欢三位博物学家，还有赫勒以及我们的那位很有趣味的黑人仆人。给我们搬运东西的搬运工们给我们带来了快乐，此时此刻，烧营火的木头搬来了，负责搬运的有 30 个人，那些搬运工们齐声唱着一首歌，曲调不动听，歌词也很枯燥，只有一句歌词，他们唱道："木头，许多要烧的木头！"

亲爱的埃塞尔，我祝你圣诞快乐！也把同样的圣诞祝福送给阿奇和昆廷。我非常渴望能在圣诞节那天和你们欢聚在一起，共同度过快乐的圣诞节。此时，酋长山一定非常寒冷，但是，我也渴望能陪伴在你们的身边，和家人在一起，即使再寒冷的天气，心里也会感到温暖的。但是我也在想一个问题，如果我们全家去乌干达，如果我们整天待在蚊帐里，肯定会热得受不了的。

2. 想家的罗斯福

坎帕拉，1909.12.23

最幸运的埃塞尔：

我们在坎帕拉遇到了两只可爱又聪明的狒狒，一只叫巴菲安，另一只叫老爸，它们为了生存走过了很多的地方，一路跋涉到这里，这是它们旅行的最后一站。对于这里的一切，我非常喜欢，不过，在克米特的心里，他总是把我看成是一个小傻瓜，因为我总是每天都在思念着你的妈妈，盼望着能很快见到她，见到我最亲爱的心上人，在我的眼里，你们的妈妈是全天下最漂亮的女人，而且非常幸运的是，她竟然会嫁给了我。我总是站在那里远眺家乡，真的是渴望回到她的身边。

你还记得你对我说过的话吗？有一天，你的脸上带着刻薄的神情对我说，你希望特德能够待在家里，因为你想要一个优秀的男孩做你的亲密的同伴，你觉得特德是最合适的人选，幸运的是，妈妈的身边有个亲密的同伴，那就是爸爸，还有一个随时能向他祖露心声的乖巧的女儿。这对我来说，是多么大的心理安慰啊！

这是一个美丽的吸引人的地方，我们这些人，坐在一艘蒸汽船上，这条船非常舒适，我们用了一天的时间就渡过了尼亚萨湖，我们看着辽阔的水面上，太阳慢慢地落了下来，落日把湖水染红了。过了一段时间，天黑了下来，月亮出来了，皎洁的月光照在湖面上，我们就像进入了童话的世界。

这个地方非常炎热，因为这里是赤道，你一定能想象得到赤道的温度，赤道很热，这里也很热。那些诱人的绿色风景，看起来就像一幅油画，四周都是娇艳的鲜花，在绿色的衬托下，显得更加绚烂，一丛丛的灌木在我们眼前出现，那些原始的藤蔓互相缠绕在一起，那是一种原始的美，我们仿佛进入了原始森林。

那里有很多居民，他们都是没有文化的原始人类，但他们却非常有趣。这个国家的国王是一位个子矮小的男人，他行为古怪。这个国家的首相是一个黑人，他穿着华丽的衣服，看上去是一个特别能干的男人，这位黑人首相让克米特联想到了一个名字，克米特认为，这个名字代表很高的文明，这个名字是阿姆斯洛帕加。我想请教你一个问题：里德·哈格德笔下的那个祖鲁族英雄的名字是这样拼写的吗？

来到这个土著的小镇以后，我们就不再步行和骑马了，我们乘坐的交通工具竟然是人力车，每辆人力车上坐着4个人，我们被人力车夫拉着到处游逛，这些人力车夫很有力气，他们有的用力向前推车，有的用力拉车，他们一边干活一边大声喊叫，并且发出铿锵的声音，那声音听起来非常的古怪，他们的喊声很有规律，每隔几分钟就叫喊一次，就像起伏的波浪一样，一阵接着一阵。

3. 退休总统打猎记

冈多科罗，1910.2.27

最亲爱的阿奇：

　　我来到了冈多科罗，这里的一切对我来说很新鲜，我在这里度过的日子都很开心，你是在酋长山暴风雪过后才给我写的这封信。我开始羡慕你，在这里，从没有飘过雪花，白雪皑皑的景色根本无法看到。这个地方太热了，一天中午，我们来到阴凉处用温度计测量温度，竟然达到了华氏115度。遗憾的是：陪同我来的三位博物学家还有坎宁安先生和向导，他们全部都生病了。

　　无奈，我和克米特只能留下他们，我们单独出去打猎，这是我们最后一次打猎，这样的机会我们会加倍珍惜的，我们用了八天的时间才来到了拉多。在这个地方，我们开始了愉快的捕猎，我们的收获很大，打到了3只大羚羊，另外，还有很多其他的猎物，这是大自然对我们的最大赏赐。

　　我和克米特在打猎的时候都很卖力，尤其是克米特，他是其中最卖力的一位猎手，他在徒步行走和奔跑方面确实是第一流的。与克米特相比，我觉得自己明显老了，徒步行走，我走得很慢，没办法，我为了跟上克米特，只能跟在他后面慢慢行走，但是，我每天都坚持行走，整整坚持行走了好几天。如今，克米特已经成为一个优秀的猎手，同时，他也成为一位负责任的、特别值得人信任的好男孩，非常适合在打猎的时候做个领头的人。

　　在整个打猎期间，整个车队都归克米特负责管理。白天，在我们打猎忙碌了一天以后，到了半夜，克米特还会起床，看看我们的那些皮毛是否有什么问题。克米特还是一位能给人带来快乐的好伙伴。那些给我们扛枪和帮助我们看管帐篷的年轻人，我和克米特都很喜欢他们，后来，打猎结束后，给他们说再见的时候，大家都依依不舍。不过，克米特仍然希望能有那么一天，能够和他们再次重逢。

4. 长大成人的昆廷

纽约，1911.12.23

亲爱的阿奇：

　　昨天夜晚，我们的昆廷终于出现在我的面前，看起来，昆廷的个子明显长高了，他和我相比，身高已经超过了我，变成一个大个子男孩。虽然，昆廷的个头比我高，但是，他的体型比我要瘦，我这个老爸的体型却比他要胖得多。总的来说，昆廷在各方面的表现都很出色。我让他坐在客厅里弹奏钢琴，他坐在钢琴前，手指灵巧地在黑白键之间滑行，琴声悦耳动听，他弹得相当不错，简直可以成为一位钢琴家了。

　　圣诞节快要到了，此时此刻，每到圣诞时刻，我都会很想你，我亲爱的阿奇。

　　我买了一顶在圣诞节期间戴的帽子，那个帽子是宽边的软帽，对于这顶帽子，除了我自己喜欢以外，全家人都不喜欢，他们整天和我开玩笑，他们说这顶帽子戴在我头上，简直太难看了。昆廷还给我的宽边软帽起了个名字——老米佐拉。我实在受不了，于是，我又去商店买了一顶帽子，这顶帽子的帽顶和帽檐都比原来的那顶帽子小了很多。晚餐的时间到了，我们都举杯，祝福你身体健康，每天都开心快乐。

　　不知道你圣诞节是如何度过的，经历了什么让你开心或者激动的事情，希望你能写信告诉我，让我们和你一起分享属于你的圣诞节。最后，祝你圣诞快乐，希望你的心中还能想起我们曾经度过的那些快乐圣诞。

　　白宫的圣诞节永远留在我们的记忆中了，虽然我们以后不可能在白宫度过圣诞了，但那些往事，每次想起来，都会觉得幸福和快乐。保留一份美好的记忆，我们就是幸福的一家人。

后　记

　　这本书的作者罗斯福，是美国的第26任总统。他不仅是伟大的总统，更是一位成功的父亲，他养育了五个儿女，都成为栋梁之材。虽然，他的二儿子患上忧郁症自杀，但是，那不是罗斯福的教育出了问题，那是战争，造成了克米特的悲剧。是战争，给克米特造成了精神上的伤害，最终，他得了心理疾病，让他走向了不归路。

　　罗斯福的一生充满了挑战，他参加过第一次世界大战，从一位军人成为一位总统，他的人生处处充满挑战。罗斯福结婚两次，第一位妻子生病去世后，他又娶了第二位妻子，他们把家安在长岛的蚝湾的酋长山。罗斯福有两个女儿，四个儿子，从他们很小的时候，他就给孩子们写信，不管是在白宫，还是在出国访问期间，他都会给孩子写信。那一封封的家信，都是很有趣味的，很多信中谈到的是动物，是打猎，是给豚鼠当保姆，唯独没有生硬的批评和说教。

　　关于罗斯福的儿女，许多人或许并不熟悉。

　　爱丽丝，出生于1884年，去世于1980年。她是罗斯福和第一位妻子生的女儿，她也是罗斯福和前妻的唯一的一个孩子。当罗斯福的前妻生下爱丽丝后，仅仅过了两天，她就去世了，去世的原因是分娩后产生的并发症。当罗斯福成为总统后，爱丽丝已经长成少女，她很会打扮，永远领导时尚新潮流。1906年，爱丽丝与尼古拉斯·朗沃斯结婚，他们的婚礼在白宫举行，这次婚礼成为白宫的重大历史事件，受到媒体和大众的关注。爱

214

丽丝成为议员的妻子后，擅长社交的她，很快成为美国社交界的领袖。不过，她的性格却是与传统相对抗的，成为反传统的女性，也成为当时轰动一时的叛逆女人。对于爱丽丝的叛逆性格，也招致了很多人的非议，不过，她根本不予理睬，而是我行我素。有媒体评论说：爱丽丝是20世纪最离经叛道，最心直口快的知名女人。

小西奥多，在罗斯福家教书中，罗斯福亲切地称他为特德，他生于1887年，去世于1944年。他是罗斯福的长子，罗斯福对他寄予厚望，他没有辜负父亲的厚望，最终成为商界的总裁。特德以优异的成绩考进哈佛大学，他学习优秀，在体育方面也很优秀，毕业后，他开始在商界打拼。他没有依靠父亲的关系，而是踏踏实实地从最底层做起，1912年，他靠着自己的能力进入银行工作。第一次世界大战爆发后，他毅然选择参军，被提拔为中校，他参加了阿登纳战役，并在这次战役中与法国军队一起作战。1918年，特德获得了英雄奖章和英雄十字勋章，这是他在第一次世界大战中获得的殊荣，他曾被很多盟国授勋。战争结束后，特德进入政界，他担任了很多职务，从海军部副部长到波多黎各总督再到菲律宾群岛总督，当他的堂兄小罗斯福担任总统后，为了避嫌，他辞职离开政界，再次回归商界，成为美国运通公司的董事长和道布尔戴书局的副总裁。第二次世界大战爆发后，特德再次穿上军装，他成为陆军准将，带领第26步兵团来到战场。遗憾的是，只过了一个月的时间，特德因为心脏病突发在美国去世，他的墓地在诺曼底美军公墓，在他的墓地旁边，就是他最小的弟弟昆廷的墓地。

克米特，生于1889年，去世于1943年。克米特小时候身体不好，经常生病，他是个喜欢安静读书的孩子，语言表达能力很强，生性敏感，他特别喜欢大自然，曾跟随父亲外出打猎，还是一个出色的猎手。1908年，克米特考入哈佛大学，他和哥哥特德一样，都是哈佛大学的学生。在哈佛读书期间，他不是选择做一个大学中的宅男，而是选择了跟随父亲去非洲打猎，他还经常去欧洲旅游。克米特是个很优秀的学生，他用两年的时间完成了四年的学业，提前从哈佛大学毕业，成为哈佛大学的骄傲。第一次世界大战爆发以后，克米特参加了英国的陆军，他在战场上英勇杀敌。战争结束后，克米特根据他的亲身经历，写了一部纪实作品，书名是《伊甸园的战争》。后来，克米特进入工商界，他开办了一个船厂，以罗斯福命名，船厂与国际海上商务公司合并后，他成为该公司的副总裁。第二次世界大战爆发后，克米特再次穿上军装进入战场，他这次参加的军队依然是英国军队，他的职务是少校。克米特患有抑郁症，又喜欢酗酒，他的一生都在与抑郁症和酒精作斗争，终于，在1943年6月4日，克米特的抑郁症发作，他开枪自杀。当年，军方隐瞒了他的死亡真相，对外界公布，他是因为心力衰竭而死，很多年后，他的死亡真相才得以公开。

埃塞尔，出生于1891年，去世于1977年。她性格活泼开朗，小时候像个男孩，喜欢骑马，擅长刺绣，她在长岛居住的时候，大家亲切地称呼她"蚝湾女王"。当埃塞尔10岁的时候，罗斯福当了总统，她10岁就开始了在白宫的生活，她在白宫度过了那些花季岁月。埃塞尔非常喜欢自己的姐姐、哥哥和弟弟，尤其对待两个年幼的弟弟，她悉心照看他们，当母亲外出，不在白宫的时候，她代替妈妈照顾两个年幼的弟弟。埃塞尔长大后，她没有去哈佛大学读书，而是选择了在教会学校读书，她的梦想就是做个好妻子和好妈妈。当埃塞尔长大成人后，她嫁人了，她的丈夫比她大了10岁，是一位医生，名叫理查德·德比。埃塞尔的性格好强，第一次世界大战期间，她和丈夫一起奔赴战场，夫妻两人来到法国的战地医院，他们在那里救治了很多负伤的军官和士兵。到了老年，埃塞尔把所有的精力和时间都奉献给了美国民权运动，她还参加各种社会活动，反对美国的种族歧视。在美国自然历史博物馆理事会最早的名单中，清楚地写着埃塞尔的名字，这个理事会当年只有两位女性，她是其中的一位。

阿奇博尔德，在书中，罗斯福亲切地称呼他阿奇，他生于1894年，去世于1979年。在罗斯福的四个儿子中，他是最长寿的一个。阿奇的童年是在华盛顿长大的，他和昆廷在白宫里玩耍，在书中，罗斯福写了很多关于他们的趣事。因为阿奇和昆廷都小，罗斯福担任总统期间，还没有忘记和他们一起打闹和玩耍，白宫里留下了他们的欢声笑语，也留下了他们成长的足迹。阿奇从小身体不好，在他13岁的时候，得了一场大病。阿奇和他的两个哥哥一样，都毕业于哈佛大学，他是在1916年从哈佛大学毕业的。这时候，第一次世界大战爆发，他毅然参加了美国陆军，军衔是少尉，他是跟着第一步兵师进入法国的。在战场上，阿奇负了重伤，后来他因为作战勇敢被授予十字勋章。第一次世界大战结束后，阿奇离开军界进入商界，他在辛克莱石油公司担任了董事长，他还开办了一家投资公司。珍珠港事件后，他已经是48岁了，但他带着伤痛参加了军队，他担任的职务是陆军中校和新几内亚炮兵司令。在战场上，阿奇被手榴弹炸碎了膝盖，他成为在两次战争中负伤致残的军人。第二次世界大战结束后，阿奇重新回到商界，他很快在华尔街开办了投资公司，成为一位成功的投资商。

　　昆廷，生于1897年，去世于1918年，他是罗斯福最小的儿子，也是罗斯福最疼爱的小儿子。他来到白宫的时候才4岁，他调皮可爱，给白宫带来了欢笑，也在白宫搞了很多恶作剧。他曾经和另外三个孩子，用唾沫把纸弄湿，然后扔到白宫走廊上的画像上，为了这件事情，他被罗斯福教育了一番，并且被禁足了一段时间。昆廷在白宫里还组建了白宫帮，他喜欢耍蛇，竟然把蛇带到了白宫；他童年的时候就做过小买卖，他从一个黑人的手里买了一头小猪，又把小猪卖给了一位动物学家。他非常聪明，在机械方面有特殊的才能，他能组装各种各样的东西。昆廷在1916年进入哈佛大学，他成为罗斯福的骄傲。在昆廷读大二的时候，他有了一个梦想，想成为一名作家。第一次世界大战期间，昆廷参加了美国空军，1918年7月14日，他驾驶战斗机参加战斗，他的飞机被德国的飞机击落，昆廷在战场上牺牲了，德国人在他的遗体上看到了一封信件，得知他是罗斯福的小儿子，德国人在战场上为昆廷举行了葬礼，葬礼非常隆重。第二次世界大战结束后，德国人把昆廷的遗体还给了美国，他被安葬在诺曼底美军公墓，他的旁边安睡的是他的大哥小西奥多。

　　很多年过去了，当我们翻开这本书的时候，我们依然会从中得到许多启迪。如果哪位家长还在为如何教育好子女而发愁，不妨找个时间，把心安静下来，打开这本书，仔细地品读。相信，当家长们读完这本书以后，就会忽然明白，原来，在这个世界上，没有不能教育好的孩子，只有不得当的教育方法。